Landschaften der PYRENÄEN

ein Auto- und Wanderführer

Zweite Auflage

Paul Jenner und Christine Smith

deutsch von

Brigitte Siebauer und Andreas Stieglitz

SUNFLOWER BOOKS

Für Eleanor, Zoe und Laura

Ergänzte Ausgabe 1999
Zweite Auflage 1997
Sunflower Books[WZ]
12 Kendrick Mews
GB-London SW7 3HG

ISBN 1-85691-086-5

Etang de Comte (Wanderung 11)

Wichtiger Hinweis an die Leser

Wir haben uns um Beschreibungen und Karten bemüht, die zum Zeitpunkt der Drucklegung fehlerfrei waren. ***Bitte schauen Sie auf jeden Fall nach, ob sich auf Seite 136 LETZTE MELDUNGEN finden, und lassen Sie sich vor Reiseantritt ein »Update« schicken*** (siehe hintere Umschlaginnenseite). Bitte senden Sie Anregungen und Kritik an den Verlag.

Wir verlassen uns auch darauf, daß Wanderer die Landschaft mit Besonnenheit und Umsicht erkunden. **Besonders in den mittleren und westlichen Pyrenäen kann sich bei schlechten Wetterbedingungen der Schwierigkeitsgrad einer Wanderung drastisch erhöhen.** Eine Wanderung in den mittleren Pyrenäen, die im Sommer zur Kategorie »leicht« zählt, kann im Frühjahr durch Schneefall schlechterdings unmöglich sein. Ebenso kann eine Route in den westlichen Pyrenäen, die man gestern noch klar vor sich sah, anderntags durch Nebel die Orientierung per Kompaß erfordern. Ist eine Route anders als hier beschrieben, und erscheint Ihnen der weitere Weg unsicher, dann kehren Sie zum Ausgangspunkt zurück. **Versuchen Sie niemals, eine Wanderung unter gefährlichen Bedingungen fortzusetzen!** Bitte lesen Sie die Ausführungen auf den Seiten 42 bis 49 sowie die Planungshinweise zu Beginn einer jeden Autotour und Wanderung (hinsichtlich Straßenzustand, Ausrüstung, Schwierigkeitsgrad, Dauer, etc.). Gehen Sie mit Umsicht auf Erkundungstour, und nehmen Sie dabei Rücksicht auf die Schönheit der Landschaft.

Umschlagfoto: Vallée du Mourgouillou (Wanderung 11)
Titelfoto: Monte Perdido (Wanderung 22)

Fotos: Seite 1, 35 (unten), 110, 115, 117, 130, 132-133: Neil Hardy; Seite 10, 12-13, 16, 18, 20, 21 (links), 22, 23, 50, 56, 76: John Underwood; alle übrigen Fotos: die Autoren
Karten: John Theasby, John und Pat Underwood
Zeichnungen: John Theasby
Printed in Hong Kong/China by South China Printing Co (1988) Ltd

10 9 8 7 6 5 4 3 2 1

Inhalt

Vorwort 5
Die Menschen der Pyrenäen 6
Danksagung; Literatur 6

Verkehr 7

Picknickausflüge 8

Autotouren 12

DIE ALBERES (TOUR 1) 14
La Jonquera • Llançà • Banyuls-sur-Mer • Collioure • Argelès • Le Boulou

AUF IN DIE BERGE (TOUR 2) 17
Gerona • Banyoles • Olot • Ripoll • Amélie-les-Bains • Céret • Le Boulou

SCHLEICHWEGE IN DER SERRA DEL CADI (TOUR 3) 19
Andorra la Vella • La Seu d'Urgell • Túnel del Cadí • Guardiola • Tuixén • Andorra la Vella

DAS PLATEAU DER KATHARER (TOUR 4) 22
Tarascon-sur-Ariège • Col de Marmare • Comus • Roquefixade • Foix • Tarascon-sur-Ariège

TIEFE TÄLER, HOHE GIPFEL UND STEINZEITLICHE HÖHLENMALEREIEN (TOUR 5) 25
Tarascon-sur-Ariège • Aulus-les-Bains • Seix • St-Girons • Tarascon-sur-Ariège

DER PARC NACIONAL D'AIGUES TORTES (TOUR 6) 27
Viella • Parc Nacional d'Aigües Tortes • Gerri de la Sal • El Pont de Suert • Túnel de Viella • Viella

GROTTEN UND WASSERSPEIER (TOUR 7) 29
Bagnères-de-Bigorre • St-Bertrand-Comminges • Luchon • Arreau • Col d'Aspin • Bagnères-de-Bigorre

WUNDER UND WUNDERBARES (TOUR 8) 31
Lourdes • Bagnères-de-Bigorre • Luz-St-Sauveur • Cirque de Gavarnie • Argelès-Gazost • Lourdes

DIE GRAND CANYONS DER PYRENÄEN (TOUR 9) 33
Torla • Parque Nacional de Ordesa • Escalona • Bielsa • Valle de Pineta • Bielsa • Ainsa • Torla

DAS BÄRENTAL (TOUR 10) 36
Jaca • (Hecho) • Arette-la-Pierre-St-Martin • Aspe-Tal • Candanchú • Jaca

ZWISCHEN KALKSTEIN UND LEGENDEN (TOUR 11) 38
St-Jean-Pied-de-Port • Larrau • Arette-la-Pierre-St-Martin • (Pamplona) • Burguete • St-Jean-Pied-de-Port

IM BASKENLAND (TOUR 12) 40
San Sebastián • Santesteban • St-Etienne-de-Baïgorry • Aïnhoa • St-Jean-de-Luz

Hinweise zum Natur- und Landschaftsschutz 42

4 **Landschaften der Pyrenäen**

Wandern 43
An- und Rückfahrt 43
Klima und Wetter 43
Kleidung und Ausrüstung 44
Proviant und Getränke 45
Wegzeichen, Karten und Schwierigkeitsgrad 45
Sicherheit und Bergführer 46
Übernachtungsmöglichkeiten 47
Tips zur Verständigung 47
Vorbereitung der Wanderungen 49

WANDERUNGEN IN DEN OSTPYRENÄEN
1 Vilajuïga • Dolmen de la Vinya del Rei • St Pere de Rodes • Serra de l'Estela • Llançà 50
2 Cadaqués • Cala Jónculs • Dolmen de la Creu d'En Cobertella • Roses 54
3 Collioure • Notre Dame de Consolation • Tour Madeloc • Banyuls-sur-Mer 57
4 Fageda d'en Jordà • Volcà de Santa Margarida • Santa Pau 61
5 Pont d'en Valenti • Sant Aniol d'Aguja • Talaixa • Pont d'en Valenti 65
6 Aufstieg zum Pic du Canigou 69
7 Durch die wilde Carança-Schlucht 71
8 Núria • Gorges del Freser • Queralbs 74
9 Gósol • Pedraforca • Saldes 77

WANDERUNGEN IN DEN MITTLEREN PYRENÄEN
10 Andorra la Vella • Entremesaigües • Madriutal • Andorra la Vella 80
11 Mérens-les-Vals • Etang de Comte • Etang de Couart • l'Hospitalet près l'Andorre 82
12 Die Gorges de la Frau 86
13 Der Parc Nacional d'Aigües Tortes 88
14 Eine Kostprobe der Baronnies 90
15 Das Dach der Pyrenäen 93
16 Der Cirque de Gavarnie 95
17 Russells Höhlen 98
18 Die Brèche de Roland 100
19 Refuge du Clot • Vallée du Marcadau • Refuge Wallon • Lac du Pourtet • Refuge du Clot 102
20 Valle de Pineta • Collado de Añisclo • Valle de Pineta 106
21 Der Añisclo-Canyon 109
22 Eine Schluchtwanderung im Nationalpark Ordesa 112
23 Der Pic d'Anie 115

WANDERUNGEN IN DEN WESTPYRENÄEN
24 Das Rolandslied (Berg Astobizkar) 118
25 Roncesvalles 120
26 Der Iparla-Rücken 122
27 Rundwanderung von Biriatou aus 125
28 Berg Choldokogagna 129
29 Col d'Ibardin 131
30 Die Peñas de Haya 132

Ortsregister 134
Pyrenäenkarte (ausklappbar) *hintere Umschlaginnenseite*
LETZTE MELDUNGEN 136

Vorwort

Die Albères, das Plateau de Sault, die Serra del Cadí, der Nationalpark Ordesa, die Brèche de Roland, der Barrage d'Ossoue, der Vignemale, der Iparla-Rücken und die Vallée d'Aspe: All diese Wörter sind für Sie heute vielleicht noch ohne Bedeutung. Wenn Sie jedoch erst einmal die Touren und Wanderungen dieses Buches gemacht haben, werden diese Namen immer wieder in Ihren Träumen und Erinnerungen auftauchen.

Die Albères... die heiße Sonne des Mittelmeerraumes, schattige Korkeichenwälder, Dolmen und Weinberge. Das Plateau de Sault... wo Greifvögel am Himmel kreisen und die mittelalterliche Landwirtschaft immer noch gegenwärtig ist. Die Serra del Cadí... so weit abgelegen und schön, daß das Stadtleben vergleichsweise unattraktiv erscheint. Der Nationalpark Ordesa... steile Schluchten, an deren Felswänden der Schatten des Lämmergeiers vorbeihuscht (die größte Geierart Europas). Die Brèche de Roland... mitten im Hochgebirge ein freier Grenzübergang ohne Zollkontrolle. Der Barrage d'Ossoue... wo Murmeltiere auf Leben und Tod kämpfen. Der Vignemale... der letzte Gletscher der Pyrenäen. Der Iparla-Rücken... ein Adrenalinstoß auf einer atemberaubenden Gratwanderung.

Manche Namen stimmen jedoch auch traurig. Die Vallée d'Aspe... das Tal der Braunbären, die man fast bis zur Ausrottung bejagt hat. Steinböcke... früher waren unzählige in der Ordesa, heute existiert nur noch ein einziges Rudel. Dieser Führer will auf allen Fahrten, Wanderungen und Picknicktouren auf die herrliche Natur aufmerksam machen, denn wenn man als Tourist diesen Dingen keine Wertschätzung entgegenbringt, besteht für die Behörden kein Anreiz zur Bewahrung dieser Kostbarkeiten. Wenn Sie wollen, daß die Wildnis der Pyrenäen erhalten bleibt, dann müssen Sie Ihre Stimme für die Erhaltung dieses Lebensraums von Lämmergeier, Gemse, Steinbock und Braunbär erheben. Denn ohne Schutz der natürlichen Umwelt ist sinnvoller Artenschutz kaum möglich.

Landschaften der Pyrenäen ist grundsätzlich ein Natur- und Wanderführer. Das bedeutet jedoch nicht, daß die Kulturlandschaft zu kurz kommt. Besonders die prähistorischen Funde, darunter einige der bedeutendsten Höhlenmalereien der Welt und eine große Zahl Dolmen, legen ein beredtes Zeugnis davon ab, wie der Frühmensch in und mit der Natur lebte.

Das Buch ist in drei Teile gegliedert; jedem Teil wurde eine eigene Einleitung vorangestellt.

Die **Autofahrer** werden zwölf Autotouren finden, die einen Eindruck von der unglaublichen geographischen Vielfalt geben, die in den Pyrenäen auf engstem Raum existiert.

Für **Wanderer** sind sechzig lange und kurze Wanderungen detailliert beschrieben. Einige davon sind klassische Wanderwege, andere Touren wiederum wurden eigens für dieses Buch konzipiert. Allen gemeinsam ist eine einzigartige Verbindung von herrlicher Landschaft, Tierwelt und historischen Zeugnissen menschlichen Daseins.

Für **Picknickfreunde** wurde eine Reihe sowohl offizieller als auch selbsternannter Picknickplätze ausgesucht. Auf allen Plätzen gibt es etwas zum Mitnehmen — Ihren gesamten Abfall!

Viel Freude in den Pyrenäen!

Die Menschen der Pyrenäen

Das Gebirge erstreckt sich buchstäblich von Küste zu Küste, und deshalb ist auch die Bevölkerung der Pyrenäen keineswegs einheitlich. Im Westen leben die Basken mit ihren makellos weißgetünchten Häusern, ihren rosafarbenen Frontons (Spielmauer und -platz für eine baskische Sportart) und ihrem rebellischen Ruf. Im Osten wohnen die Katalanen — leidenschaftliche »Unabhängigkeitskämpfer« und teilweise recht erfolgreich beim Bewahren ihrer Eigenständigkeit. Hier werden drei verschiedene Sprachen gesprochen: Französisch, Kastillisch und Katalanisch. Gemeinsam ist allen Gebirgsbewohnern, daß sich ihr Lebensstil verändert. Obwohl es immer noch vereinzelt Bauern gibt, die den Hochwiesen einen kargen Lebensunterhalt abringen, übernimmt doch mehr und mehr eine neue Generation von »Gebirgsmanagern« die Vorherrschaft: Statt um Schafherden kümmern sie sich um Touristenscharen und betreiben im Schatten der großen Gipfel große Wasserkraftwerke.

Danksagung

Unser Dank für die Hilfe bei der Erstellung dieses Buches gilt besonders: Marti Pujol i Gou vom Ajuntament in Vilabertran für seine unermüdliche Beschäftigung mit prähistorischen Funden in Spaniens Alt Empordà; Jean-Marc Abadie, der unsere Sinne für die außergewöhnliche Tier- und Pflanzenwelt des Berges Pibeste schärfte; Jean-Louis Trescazes und dem Dorf Gavarnie; Neil und Rossella Hardy, Inhaber des Ausrüstungsladens Telemark Pyrenees in Ax-les-Thermes, für die Überarbeitung der Wanderungen an der Westküste und die Erkundung der Wanderungen 15 und 23 für die vorliegende zweite Auflage.

Literatur

Landschaften der Pyrenäen ist ein *Touren*führer zur Erkundung der Landschaft, der in Verbindung mit einem gewöhnlichen Reiseführer (z.B. von Polyglott) benutzt werden sollte. Außerdem empfehlenswert:

Baumgartner, Eva und Scheuble, Gerd: *Die spanischen Pyrenäen.* Verlag Scheuble/Baumgartner, Berlin.

Domke, Helmut: Frankreichs Süden: *Im Bannkreis der Pyrenäen.* Prestel Verlag, München.

Fittko, Lisa: *Mein Weg über die Pyrenäen. Erinnerungen 1940/41.* Hanser Verlag, München.

Tucholsky, Kurt: *Ein Pyrenäenbuch.* Rowohlt TB-Verlag, Reinbeck.

Murmeltier

Verkehr

Dieser Landschaftsführer behandelt die *gesamten* Pyrenäen — eine wilde und faszinierende Gebirgswelt, die sich über etwa 400 km vom Mittelmeer bis zum Atlantik erstreckt und sich auf Frankreich, Spanien und Andorra verteilt. Obwohl einige unserer Touren und Wanderungen innerhalb eines Landes bleiben, führen manche doch über die Grenze — der Personalausweis ist also Pflicht.

Wenn man nicht außergewöhnlich viel Zeit zur Verfügung hat, dann braucht man allein schon wegen der Größe des Gebirges ein **Auto**. Bei Anreise mit dem Flugzeug kann man sich überall in den Pyrenäen leicht einen Leihwagen nehmen. In Spanien kostet er im allgemeinen ein bißchen weniger; besonders günstig sind Fly&Drive-Angebote. Auch Benzin ist in Spanien und Andorra billiger. (Vergessen Sie Ihren Führerschein nicht! Wenn Sie mit dem eigenen Auto fahren, müssen Sie auch noch die grüne Versicherungskarte mitnehmen).

Insbesondere entlang des Mittelmeers, an der Atlantikküste und in den nördlichen Gebirgsausläufern gibt es sehr brauchbare **Zugverbindungen,** so die Strecke Perpignan/Cerdagne mit dem Abschnitt Petit Train Jaune (Foto S. 16) von Villefranche nach La Tour de Carol, und die Linie Paris/Toulouse/Barcelona mit Halt in La Tour de Carol. Hier hat man Anschluß nach Andorra und zur Zahnradbahn ins Gebirge bei Núria.

Busse sind für Wanderer nur bedingt brauchbar, da die Fahrpläne meist auf die ländliche Bevölkerung abgestimmt sind, die morgens in die Städte fährt und abends wieder aufs Land zurückkehrt. Einige häufiger verkehrende Buslinien sind jedoch aufgeführt.

Organisierte Busausflüge bilden eine weitere Möglichkeit, die Landschaft zu sehen, zum Ausgangspunkt von Wanderungen zu gelangen (besonders zu so bekannten und schönen Ausflugszielen wie Gavarnie und der Pont d'Espagne), oder um einfach zum Einkaufsbummel nach Andorra zu fahren.

Hin und wieder muß man mit dem **Taxi** oder dem robusteren **Jeep-Taxi** fahren, wenn mam kein Auto hat, z.B. im Parc Nacional d'Aigües Tortes und zum Barrage d'Ossoue, dem Ausgangspunkt der Wanderung zu Russells Höhlen.

Zu Beginn einer jeden Wanderung sind die Anreisemöglichkeiten mit öffentlichen Verkehrsmitteln und Telefonnummern aufgeführt, unter denen man aktuelle Fahrplaninformationen abrufen kann. Falls man die jeweilige Sprache nicht beherrscht, kann man im Fremdenverkehrsamt oder im Hotel nachfragen. Leider können aus Platzgründen keine Fahrpläne abgedruckt werden.

Picknickausflüge

In den Pyrenäen gibt es nur wenige und weit voneinander entfernte offizielle Picknickplätze. Die wenigen Plätze sind dann leider häufig nur *allzu leicht* zugänglich (z.B. direkt an einer Hauptstraße gelegen) und im Vergleich zur freien Natur oft verdreckt.

Im Grunde ist der ganze Gebirgszug der Pyrenäen ein einziges riesiges Picknickgebiet; deshalb sind nachfolgend nur relativ wenige Plätzchen konkret beschrieben. Dennoch ist zu jeder Autotour eine Picknickstelle für diejenigen angegeben, die sich beim Schmaus in freier Natur ein wenig Gesellschaft wünschen. Bitte nehmen Sie Ihren Abfall nach Möglichkeit wieder mit — selbst wenn Abfalltonnen herumstehen sollten. Erfahrungsgemäß quellen sie am Ende der Saison hoffnungslos über — und die Umgebung wird unansehnlich. Es kann auch keine Lösung sein, wenn man den Müll einfach in einer Plastiktüte wegwirft. Auch ohne erkennbaren Grenzverlauf merkt man immer, wo man sich gerade befindet: In Frankreich werden leuchtend hellblaue Plastiktüten weggeworfen, während in Spanien der Müll eher verstreut umherliegt.

Brandgefahr: Bitte zünden Sie nur an den offiziellen Grillplätzen Feuer an. In den vergangenen Jahren hat es in den Pyrenäen verheerende Waldbrände gegeben; die Wanderung von Cadaqués nach Roses gibt davon ein trauriges Zeugnis ab.

Essen: Wenn die Zubereitung warmer Speisen zu kompliziert ist, kann man stattdessen die zahlreichen Käse- und Wurstsorten sowie die verschiedenen Brote, die überall im Gebirge erhältlich sind, genießen. Brot sollte man rechtzeitig kaufen; viele französische Bäckereien (Boulangeries) schließen pünktlich um 13 Uhr, und in Spanien bleiben sie oft für den Rest des Tages geschlossen. Sogar die größten Supermärkte haben normalerweise eine ausgedehnte Mittagspause, was für einen ausgehungerten Urlauber zum Fiasko werden kann.

Trinkwasser: Die Trinkbrunnen (Fonts) sind gewöhnlich in Ordnung. Sofern man Umsicht walten läßt, ist das Wasser vieler Gebirgsbäche nicht nur unbedenklich, sondern geradezu köstlich. Natürlich sollte man nie aus stehenden oder träge dahinfließenden Gewässern trinken und auch Flüsse mit starkem Algenbewuchs oder offensichtlich verschmutztem Wasser meiden. Auf der Karte kann man nachschauen, ob sich oberhalb des eigenen Standorts noch Häuser befinden, und sei es auch nur ein Unterstand oder eine Schäferhütte.

Sämtliche nachfolgend beschriebenen Picknickplätzchen kann man zu Fuß vom Parkplatz aus binnen 20 Minuten erreichen. Dies sind jedoch nur einige wenige Beispiele für die wirklich unzähligen Gelegenheiten für ein Picknickschmaus in freier Natur.

Vernünftige Kleidung ist angebracht, d.h. feste Schuhe zum Wandern, warme Kleidung für alle Fälle, Sonnenhut und im Hochgebirge auch eine Sonnenbrille (die Sonne kann hier sehr stark blenden).

Alle Picknickfreunde sollten bitte auch die Hinweise zum Natur- und Landschaftsschutz auf Seite 42 lesen und sich entsprechend rücksichtsvoll benehmen.

Ausblick unweit Bidarray auf den Iparla-Rücken (Autotour 12; Wanderung 26)

1 PICKNICKSCHMAUS AM STRAND (Karten Seite 52-53, 58-59)

Autotour 1: Folgen Sie der Route zur Küste und wählen Sie dann nach Belieben einen der Strände aus. Sie haben die Wahl zwischen: **Llançà, Portbou, Cerbère, Banyuls-sur-Mer, Port-Vendres, Collioure** und **Argelès.** Es gibt geschützte Buchten, lange Sandstrände sowie Kioske und WC-Häuschen in der Nähe. (Wanderungen 1 und 3)

2 DER ESTANY DE BANYOLES (⛩)

Autotour 2: In **Banyoles** folgen Sie der Ausschilderung »Estany (See) de Banyoles«; das Picknickgebiet ist ausgeschildert.

3 BELEGTE BRÖTCHEN BEI SALDES (⛩; Karte auf Seite 79)

Autotour 3: Unmittelbar westlich von **Saldes** sehen Sie Schilder »Refugi Lluís Estasen«. Fahren Sie diesen Weg hinauf; links kommt das Schild »La Serra Area Recreativa 2,5 km«. Halten Sie sich an der ersten Verzweigung links und fahren Sie bergauf bis zum Picknickgebiet (Grillstellen, WC). Kurz hinter dem Gebiet kommt der Mirador de Gresolet mit herrlichem Blick auf die Serra del Cadí. (Wanderung 9)

4 EIN BÄRIGES PICKNICK (Karte auf Seite 86)

Autotour 4: Picknickgelegenheit 3 km hinter **Comus** am Col de la Gargante oder aber 10 km hinter Comus (»Aire de Picnic«). Zwischen diesen beiden Stellen liegt der atemberaubende Pas de l'Ours mit schwindelerregendem Blick über die Gorges de la Frau. (Wanderung 12)

5 ETANG DE LERS

Autotour 5: Dieser kleine schöne See ist im Sommer bei der einheimischen Bevölkerung zum Bootfahren und Picknick sehr beliebt. Er liegt mitten im wilden Bergland und ist nur 20 Autominuten von dem traditionsreichen Badeort **Aulus-les-Bains** entfernt. *Kein Schatten!*

6 AIGUES TORTES (Karte auf Seite 88, Foto auf Seite 89)

Autotour 6: Fahren Sie durch **Espot** (Proviant!) hindurch, indem Sie den Schildern zum »Parc Nacional d'Aigües Tortes« folgen. Parken Sie an den Prats des Pierrós und picknicken Sie auf dem Pfad zum See. Man kann auch mit dem Jeeptaxi ganz bis zum See fahren. Reichlich Schatten. Im nahegelegenen Refugi Ernest Mallafré (15 Min. zu Fuß) bekommt man Erfrischungen und kleine Mahlzeiten. (Wanderung 13)

7 COL D'ASPIN

Autotour 7: Dieser oberhalb **Arreau** gelegene Paß ist einer der höchsten Punkte (und Höhepunkte) der langen Autotour und bietet einen atemberaubenden

Beim Aufstieg auf Wanderung 3 oberhalb Collioure ist die rosafarbene Kirchenkuppel deutlich erkennbar. Die Ortschaft war im Sommer ein bevorzugter Erholungsort der »Fauves«. Keinesfalls versäumen sollte man einen Besuch des Château Royal. In dieser alten Festung am Hafen finden in der Sommerzeit Kunstausstellungen statt.

Gelbwürfeliger Dickkopffalter. Der Nationalpark Aigües Tortes (Picknick 6) ist für seine Schmetterlinge berühmt.

Rundumblick. (Der Sendemast auf dem Pic du Midi de Bigorre im Westen ist ein Orientierungspunkt.) *Achtung: Der Paß ist Wind und Wetter ausgesetzt und bietet keinerlei Schatten.*

8 LA PRADE (⛩; Karte auf Seite 97; Foto der näheren Umgebung auf Seite 95)

Autotour 8: Parken Sie in **Gavarnie** (WC; Erfrischungen) und folgen Sie einfach dem Menschenstrom zum prächtigen Cirque; dabei kommen Sie im Wald an einigen Bänken und Tischen vorbei. Will man jedoch die optimale Aussicht haben, muß man noch zehn Minuten zum Plateau de la Prade weitergehen. Hier gibt es am Bach (dies ist Oberlauf des Gave du Gavarnie, dem man durch das lange Tal gefolgt ist) ein abgelegenes Plätzchen zwischen schattigen Büschen. Es besteht aber auch die Möglichkeit, ein Maultier zu mieten und sich mitsamt dem Proviant zum Fuße des Cirque tragen zu lassen. (Wanderung 16)

9 NATIONALPARK ORDESA (Karte auf Seite 112; Fotos der näheren Umgebung auf den Seiten 1, 35 und unten)

Autotour 9: Parken Sie auf dem großen Parkplatz des **Parque Nacional de Ordesa y Monte Perdido** (WC; Erfrischungen; Informationsstelle). Folgen Sie dann der Ausschilderung »Soaso« und »Góriz«, und wählen Sie eine beliebige Stelle am Ufer des Río Arazas. (Wanderung 22)

10 SELVA DE OZA (⛩)

Autotour 10: Anstatt direkt vor **Hecho** nach Ansó abzubiegen, fahren Sie geradeaus ins landschaftlich reizvolle Hechotal weiter. Nach 12 km erreichen Sie die Selva (Wald) de Oza, ein beliebtes Freizeitgelände mit Campingplätzen und Wandermöglichkeiten (Erfrischungen; WC).

11 PUERTO DE IBAÑETA (Karte auf Seite 121; Fotos auf Seite 39 und 118)

Autotour 11: Fahren Sie von **Ronscesvalles** in Richtung Grenze bergauf. Nach fünf Minuten kommen Sie auf der nahezu baumlosen Anhöhe des Puerto de Ibañeta heraus. Hier kann man parken, spazierengehen, und das Roland-Denkmal besichtigen. *Kein Schatten!* (Wanderung 25)

12 PONT DU DIABLE

Autotour 12: Bleiben Sie hinter **Dancharia** auf französischer Seite auf der D4 und überqueren Sie den Fluß Nivelle auf dem Pont du Diable. Dann geht es durch einen uralten Eichenwald mit guten Park- und Picknickgelegenheiten. Man kann sich auch ein wenig die Beine vertreten, indem man der GR10 von Osten nach Westen folgt.

Unterwegs zum Nationalpark Ordesa fällt der Blick auf Torla, unterhalb des schneebedeckten Monte Mondarruego gelegen (Autotour 9 und Picknick 9, Wanderung 22)

Autotouren

In den Pyrenäen kann man abgelegene Landschaften vom Auto aus bewundern. Dazu braucht man nicht einmal das Auto zu verlassen — insbesondere dann, wenn man auch bereit ist, Fahrwege zu benutzen. Der Añisclo-Canyon, der Yaga-Canyon, die Serra del Cadí, der Canigou und viele andere Stellen haben sich trotz der Straßenverbindungen ihre Ursprünglichkeit bewahrt. Leider ist diese Unberührtheit besonders auf der spanischen Seite bedroht, weil hier mit Hilfe von EU-Geldern riesige Straßenbauprojekte finanziert werden.

Zugegeben, man kommt in den Ausläufern des Pyrenäengebirges nur langsam voran. Man kann zwar auf dem französischen Autobahnnetz an einem Nachmittag von Küste zu Küste fahren, aber wenn man mehr in den Bergen fahren will, so benötigt man dazu *mindestens* drei Tage.

Manche Gebiete liegen so abgeschieden, daß im Winter auf einigen Pässen kein Schnee geräumt wird. So kann es leicht Juni werden, bis kleinere Gebirgsstraßen wieder befahrbar sind — und ab November können sie wegen Schneestürmen schon wieder gesperrt sein. Falls Sie also im Frühjahr oder im Herbst unterwegs sind, nehmen Sie bitte Schneeketten mit (in französischen und spanischen Supermärkten sehr günstig) — oder ändern Sie Ihre Reisepläne je nach Wetterlage.

Die zwölf Autotouren dieses Buches vermitteln einen Ge-

samteindruck des ganzen Gebirges. Die Routenbeschreibungen sind knapp gehalten; sie enthalten wenig Geschichtliches oder sonstige Informationen, die in anderen Publikationen erhältlich sind. Im Vordergrund steht stattdessen die *Streckenplanung*. Jede Autotour stellt die Landschaft einer bestimmten Region der Pyrenäen vor und bietet so viel Abwechslung wie möglich. Die Autoren wollen Ihnen ihre Lieblingsgegenden zeigen und *zu den Ausgangspunkten herrlicher **Wanderungen** führen.*

Auf Tagesfahrten sollte man nicht immer um jeden Preis abends schnell wieder zum Feriendomizil zurückfahren, sondern je nach Situation auch einmal unterwegs übernachten. Bei manchen Autotouren geht es über die Grenze — Ausweis nicht vergessen! Es empfiehlt sich generell, den Ausweis immer dabeizuhaben, falls man einmal unvorhergesehen über die Grenze will.

Die große Autokarte ist so konzipiert, daß man sie ausgeklappt neben die Fahrtbeschreibung halten kann. In handlicher Aufmachung enthält sie alle Informationen, die man für die beschriebenen Autotouren braucht. Sollte man dennoch eine Straßenkarte in größerem Maßstab kaufen (die Autoren benutzen normalerweise die Firestone 1:200.000 *Mapa Turístico* T-33, Pirineos), so ist daran zu denken, daß nicht alle darauf eingezeichneten Wege und Straßen auch passierbar sind. Angesichts des kleinen Maßstabs der Autokarte dieses Buches sind nur diejenigen Wege verzeichnet, die die Autoren selbst abgefahren sind und für die meisten Autos befahrbar sein müßten. Für Fahrer außergewöhnlich großer Wagen (oder stolze Besitzer eines Porsche) werden Ausweichstrecken auf Asphaltstraßen vorgeschlagen. Auf Fahrwegen kommt man im Durchschnitt nicht schneller als 30 km/h voran.

Aus Platzgründen konnten leider keinerlei Stadtpläne abgedruckt werden, aber die detaillierte Routenbeschreibung führt zuverlässig durch alle Ortschaften. Wenn man sich jedoch längere Zeit in den Pyrenäen aufhält, empfiehlt sich die Anschaffung eines aktuellen Michelin-Hotelführers — und sei es auch nur wegen der zahlreichen Stadtpläne.

Die im Text benutzten Symbole stimmen mit denen auf der Autokarte überein; siehe deren Legende.

Alle Autofahrer sollten die Hinweise zum Natur- und Landschaftsschutz auf Seite 42 beherzigen und sich rücksichtsvoll verhalten.

Nahe Prades und der Zufahrtsstraße zum Canigou (Wanderung 6) liegt Eus, ein typisches Dorf der Ostpyrenäen.

1 DIE ALBERES

La Jonquera • Espolla • Llançà • Portbou • Cerbère • Banyuls-sur-Mer • Port-Vendres • Collioure • Argelès • Le Boulou

106 km; etwa 4 Std. Fahrzeit. Ausgangspunkt ist die Autobahn bei Ausfahrt 2 (La Jonquera), Endpunkt die Autobahn bei Le Boulou.

Am Wege: Picknick 1 (siehe Seite 8-11); Wanderungen 1, 2, 3

Dieser Tour kann man sich überall entlang der Costa Brava anschließen, indem man einfach die gebührenpflichtige Küstenautobahn A7/E15 entlangfährt und auf der spanischen Seite bei Ausfahrt 2 die Autobahn wieder verläßt. Die Rundfahrt verbindet die archäologisch und historisch hochinteressanten Ebenen des Alt Empordà mit einer langen, kurvenreichen und anhaltend schönen Küstenstrecke, um schließlich mit einer Spritztour durch die Weinbaugebiete Roussillons zu enden.

Personalausweis nicht vergessen!

Falls man nichts gegen einen langen Tag hat, dann bietet sich auf dieser Fahrt die Gelegenheit, einige interessante Abstecher zu machen und vielleicht in einem der beliebten Seebäder der Côte Vermeille zu baden.

Verlassen Sie die Autobahn A7/E15 bei Ausfahrt 2 (La Jonquera) und biegen Sie nach rechts (Süden) auf die N11 (Ausschilderung Richtung »Figueres«). Nach 7 km fahren Sie links auf die GE602 (Ausschilderung »Espolla«); ignorieren Sie die vorherige Abzweigung nach Cantallóps. Urplötzlich haben Sie die Rennstrecken der Hauptstraßen hinter sich gelassen und befinden sich stattdessen auf einer ländlichen Nebenstraße. Hier ist es gut möglich, daß Sie sich dem Tempo des Schulbusses oder der Traktoren anpassen müssen. Die Fahrer sind alle sehr fröhlich, aber offensichtlich total taub für Huptöne... Die schmale Straße schlängelt sich durch Weingärten und Korkeichenpflanzungen 11 km bergauf und bergab, bis **Espolla** (18 km) erreicht ist. Hier kann man Halt machen und in der Cooperativa Wein und Olivenöl kaufen. Eine Sehenswürdigkeit ist der Dolmen de la Cabana Arqueta, der vor dem Ort unmittelbar links von der Straße liegt. Dies ist nur eine der zahlreichen prähistorischen Fundstätten in dieser Gegend, aber wochentags ist darauf zu achten, nicht versehentlich in das militärische Sperrgebiet vorzudringen.

Die GE602 windet sich weiter über eine mit Weinreben regelrecht zugepflanzte Ebene. Der nördliche Teil dieser Pyrenäenregion ist unter dem Namen Albères bekannt, die Sumpflandschaft im Süden heißt Alt Empordà. Fahren Sie dann an **Rabós** (19 km) und **Garriguella** (23 km; kurzer Abstecher zur Burg Perelada mit Casino möglich; ■) vorbei. An der Querstraße C252 (26 km) biegen Sie links nach Llançà. (Wenn man jedoch Wanderung 1 unternehmen möchte, um weitere Dolmen und das romanische Kloster St Pere de Rodes zu besichtigen, muß man hier noch 3 km geradeaus nach Vilajuïga weiterfahren.) Bald taucht rechts die eindrucksvolle westgotische Burgruine Quermançó (■) auf.

Llançà (Llansa; 35 km, ▲▲ΔX⛽WC) liegt nicht direkt bei seinem Fischereihafen, sondern ein bißchen landeinwärts; dies war früher eine Schutzmaßnahmen gegen Piraten. Ab hier wird die Küstenstraße nach Frankreich immer großartiger (nach Cadaqués und zu Wanderung 2 biegt man an der Ampel jedoch nach rechts). Es geht an der Küste entlang nach **Colera** (Δ) und dann steil bergauf an Felsbuchten vorbei. In einigen dieser Buchten stehen Designer-Villen, während andere wiederum so wild zerklüftet sind, daß selbst die unternehmungslustigsten Bauspekulanten bisher ihre Finger davon gelassen haben. Genießen Sie wundervolle Ausblicke auf das offene Meer und auf geschützte Buchten. Der Blick schweift zurück bis zur Halbinsel von Cadaqués und zum Cap de Créus; vor Ihnen erstreckt er sich bis zur Grenze bei Cerbère.

Die steile Fahrt (📷) hinab nach **Portbou** (49 km 🏨🍴✕⛽ WC) gewährt einen Blick wie aus der Vogelperspektive. Portbou ist das letzte Strandbad an der Costa Brava und zugleich eine große Eisenbahnendstation. Danach steigt die Straße wieder an und führt an der letzten Tankstelle Spaniens vorbei zur Grenze (⛽; vom 15. Juni bis zum 30. September täglich rund um die Uhr geöffnet; während des restlichen Jahres ist die Grenze nur von 7 Uhr bis Mitternacht geöffnet).

Sie befinden sich nun auf der N114. Die Straße windet sich 4 km bergauf und bergab zu dem hübschen Hafenort **Cerbère** (56 km 🏨🍴✕⛽WC). Hier befindet sich die Eisenbahnendstation auf der französischen Seite der Grenze. Ihr Gewirr aus Brücken und Viadukten bildet einen idealen Hintergrund für Verfolgungsjagden in Gangsterfilmen.

Zwischen Cerbère und Banyuls liegt auch das erste Meeresschutzgebiet Frankreichs und des gesamten Mittelmeerraums. Es fällt auf, daß hier der Weinbau viel intensiver betrieben wird als jenseits der Grenze. **Banyuls-sur-Mer★** (67 km 🏨🍴Δ✕⛽ WC), der Geburtsort des Bildhauers Aristide Maillol, ist ein

»Die Denkerin« (La Pensée) von Aristide Maillol am Grab unweit Banyuls

Le Petit Train Jaune ist ein vertrauter Anblick in den östlichen Pyrenäen zwischen Villefranche und La Tour de Carol.

modischer Ferienort. Gleichzeitig ist es Endstation für die berühmte französische Eisenbahnstrecke quer durch die Pyrenäen (siehe Wanderung 3).

Entlang der Küste geht es nach **Port-Vendres** (75 km ▲▲ ✕⛽WC) mit seinem bedeutenden Fischereihafen und weiter nach **Collioure★** (78 km ▲▲Δ✕⛽✝▮MWC; Wanderung 3; Foto Seite 10). Es war einst bevorzugter Sommererholungsort der Fauves bzw. »Wilden«; vor allem Matisse liebte diesen Ort. (Besuchen Sie auch Céret, Autotour 2, um dort die Kunstsammlung zu besichtigen.) Die alte Festung am Hafen, das Château Royal (**▮M**), beherbergt sowohl in seinen Innenräumen als auch im Freien Kunstausstellungen. Auf den steinigen Strandabschnitten, von denen einige durch die hohen Festungsmauern und durch die Kirche auf der anderen Hafenseite geschützt sind, kann man seine Mittagsrast machen und dabei den Künstlern und Fischern bei der Arbeit zuschauen.

Hinter Collioure lassen Sie die Côte Vermeille hinter sich, während die Straße die letzte Landspitze hinaufführt. Dann geht es in den weiten flachen Landstrich der Ferienorte an der Côte Radieuse hinab. Zunächst kommt **Argelès-sur-Mer★** (85 km ▲▲Δ✕⛽MWC). Hier könnten Sie schon auf die Hauptstraße D618 gelangen, die zurück zur Autobahn bei Le Boulou führt. Stattdessen empfiehlt sich jedoch die malerischere D2, die zwischen den nördlichen Gebirgsausläufern und Weinbergen der Pyrenäen nach **Sorède** (92 km) führt. Danach geht es durch **Laroque des Albères** (95 km), anschließend auf der D11 nach **Montesquieu** (99 km) und schließlich in **Le Boulou** (106 km harp) auf die Autobahn.

Besalú (Autotour 2)

2 AUF IN DIE BERGE

Gerona • Banyoles • Besalú • Olot • Ripoll • St Joan de les Abadesses • Camprodon • Prats de Molló • Amélie-les-Bains • Céret • Le Boulou

183 km; etwa 6 Std. Fahrzeit

Am Wege: Picknick 2 (siehe Seite 8-11); Wanderung 4, 5, 6, 7 und 8

Diese ganztägige Rundfahrt beginnt und endet auf der Autobahn; deshalb kann man leicht entlang der ganzen Côte Vermeille/Costa Brava zu dieser Tour stoßen. Dieser Ausflug führt sowohl auf französischer als auch spanischer Seite durch außergewöhnliche Landschaften und zu einigen der bedeutendsten historischen Sehenswürdigkeiten der Ostpyrenäen.

Personalausweis nicht vergessen!

Schwerpunkt dieser Autotour sind die Pyrenäen aus historischer und vorgeschichtlicher Perspektive. In Banyoles wurden die bis zu 200.000 Jahre alten Überreste von Menschen älter als die Neanderthaler gefunden; Besalú hat ein uraltes Judenviertel; Ripoll wurde von Wilfried »dem Zottigen« gegründet; und St Joan de les Abadesses war der Wohnort seiner Tochter. Man sollte sich auch Zeit nehmen, die von einer Stadtmauer umgebene Ortschaft Prats de Molló zu erkunden.

Verlassen Sie bei Ausfahrt 6 die Autobahn Richtung »Gerona Nord« und folgen Sie dann den Schildern nach **Banyoles★** (18 km ▲▲Δ✗⛽✝M). Umfahren Sie entweder den schönen, normalerweise jedoch von Menschenmassen belagerten See entlang des westlichen Ufers (Ausschilderung »Estany«; Picknick 2), oder fahren Sie am Ostufer auf der Hauptstraße direkt nach Besalú weiter. (Falls man Besalú schon kennen sollte, besteht die Möglichkeit, stattdessen nach Mieres und Santa Pau zu fahren. Dies ist zwar eine langsame, aber dafür um so interessantere Route ins Herz der Garrotxa (ausgesprochen Garrotscha). Dieses Vulkangebiet ist auf den Seiten 42 und 61-63 abgebildet (Wanderung 4). In Olot stößt man dann wieder auf die Hauptroute.) Halten Sie in **Besalú★** an (32 km ✝📷▲✗⛽), um zu Fuß über die gegenüber abgebildete, alte Brücke in den geradezu musealen, mauernumwehrten Ort zu gelangen.

Falls man Wanderung 5 machen möchte, biegt man etwa 2 km vor **Castellfollit de la Roca★** (✗📷) rechts nach Montagut und Sadernes. Andernfalls fährt man geradeaus in die Ortschaft. Mit ihren Häusern, die auf steilen Basaltfelsen über dem Fluß Fluvia erbaut wurden, ist sie eine eindrucksvolle Sehenswürdigkeit der Garroxta. Nachts werden diese ausgekehlten Felsen mit Flutlicht angestrahlt. **Olot★** ist dagegen auf den ersten Blick ein eher häßlicher Ort (52 km ▲▲Δ✗⛽MWC). Wenn Sie jedoch von der Hauptstraße rechts abbiegen, wandelt sich das Bild: Hier findet man Geschäftigkeit, Eleganz und wundervolle alte Gebäude, Arkaden mit Geschäften und einen Marktplatz.

Hinter Olot geht es auf der dramatisch ansteigenden C150 in Richtung Ripoll. Die Straße führt durch waldiges Bergland zum Coll de Caubet (1010 m 📷). Hier oben hat man eine herrliche Aussicht nach Norden und Süden. Fahren Sie zunächst an der

Herden am Fuße des Canigou

Abzweigung nach St Joan de les Abadesses vorbei (sofern Sie nicht Ripoll auslassen und eine Abkürzung nehmen wollen). An **Vallfogona** (☗⛽) vorbei geht es nach **Ripoll★** weiter (85 km ✝☗☗Δ✕⛽WC). Hier gründete Wilfried der Zottige im Jahr 879 das Monasterio de Santa María.

Wer nun nach Westen weiterfahren möchte, kann auf der N152 nach Ribes de Freser (Gebiet von Wanderung 8) gelangen. Ansonsten verlassen Sie aber Ripoll auf der C151 nach **St Joan de les Abadesses★** (✝☗☗✕⛽MWC). Es gehört zu den bemerkenswertesten Sehenswürdigkeiten dieser Region. Im 9. Jahrhundert gründete Wilfrieds Tochter Emma hier ein bedeutendes Kloster.

Dann geht es weiter in den kleinen Gebirgsort **Camprodon★** (112 km ☗☗Δ✕⛽WC), wo der katalanische Komponist Isaac Albéniz geboren wurde. Steil geht es danach zum **Col d'Ares** hinauf (1513 m 📷), der trotz seiner vergleichsweise geringen Höhe öde aussieht. Die Autoren sind hier fast von der Straße abgekommen, als sie den seltenen Schlangenadler erspähten. Ebenso steil fahren Sie nun wieder bergab nach **Prats de Molló★** (144 km ☗☗Δ✕⛽WC). Es besitzt befestigte Stadtmauern und einen ansehnlichen Dorfplatz, der häufig Schauplatz von Boules-Wettkämpfen ist.

Sie befinden sich nun im Techtal, in einer Region namens Vallespir; im Norden erhebt sich das großartige Canigou-Massiv. Wer den Canigou (Wanderung 6) oder den Carança (Wanderung 7) besteigen möchte, muß direkt vor **Arles-sur-Tech** (164 km ☗☗✕) nach links in Richtung Corsavy, Valmanya und Prades abbiegen. Ebenfalls einen Besuch wert sind die **Gorges de la Fou** am Stadtrand von Arles. Auf Autotour 4 kann man jedoch auch ohne Eintrittsgeld Schluchten besichtigen!

Fahren Sie auf der D115 durch das Techtal zu dem betriebsamen Kurort **Amélie-les-Bains★** (167 km ☗☗Δ✕⛽WC). 8 km weiter biegen Sie rechts nach **Céret★** (☗☗✕⛽M), um die Gemäldesammlung der Fauves zu besichtigen (siehe Autotour 1). Kehren Sie dann auf die D115 zurück und fahren Sie bei **Le Boulou** wieder auf die Autobahn (183 km).

3 SCHLEICHWEGE IN DER SERRA DEL CADI

Andorra la Vella • La Seu d'Urgell • Bellver • Llívia • Túnel del Cadí • Guardiola • Saldes • Gósol • Tuixén • La Seu d'Urgell • Andorra la Vella

210 km; etwa 7 Std. Fahrzeit

Am Wege: Picknick 3 (siehe Seite 8-11), Wanderung 7, 8, 9 und 10

Dies ist eine der schönsten Rundfahrten dieses Buches. Ein abgeschiedener und stiller Streckenabschnitt verläuft auf einem guten Feldweg. (Wer dieses Stück meiden möchte, kann auf Straßen ausweichen.)

Personalausweis nicht vergessen! Hinweis: Von Andorra la Vella fährt man eventuell lieber zunächst über die Port d'Envalira nach Frankreich. Diese Strecke führt durch herrliche Landschaft zum höchstgelegenen Straßenpaß der Pyrenäen, doch leider ist sie stark befahren, und es gibt viele LKWs. Hinter der Grenze fährt man auf der N20 Richtung nach Bourg Madame und Puigcerda, wo man sich der Haupttour anschließt.

Dies ist eine der Lieblingstouren der Autoren — wegen der alten Steinhäuser, der großartigen Berge, der Picknickstellen am Fluß und der einmaligen Farben (was damit gemeint ist, wird später klar). Unterwegs kommt man durch einige »vergessene« Dörfer, in denen die Zeit stehengeblieben ist.

Sollten Sie Ihr Feriendomizil in **Andorra la Vella★** (✝▲▲✕⛽WC) oder in Ortsnähe aufgeschlagen haben, dann fahren Sie auf der CG1 nach Süden zur Grenze. Hier verwandelt sich die Straße in die C145, und Sie fahren weiter nach La Seu d'Urgell (ansonsten schließt man sich an geeigneter Stelle dieser Rundfahrt an). Wenn Sie sich **La Seu d'Urgell★** nähern (21 km ✝▲▲Δ✕⛽M), biegen Sie links auf die N260 ein und folgen der Ausschilderung »Barcelona/Túnel del Cadí« (*Vorsicht:* Dies ist eine gefährliche Straßenverzweigung). Auf der Fahrt durch das weite und üppige Segretal liegt rechts die dramatische Nordflanke der Serra del Cadí. Durch dieses Gebirge werden Sie heute abend wieder zurückfahren.

Nach weiteren 24 km kommt eine Linksabzweigung zu dem berühmten Aussichtspunkt Lles (📷), der einen Abstecher lohnt

Hoch oben im Tal des Riu Madriu (Wanderung 10 von Andorra la Vella aus)

Links: Mohnfeld in der Nähe des Túnel del Cadí. Rechts: Kreuzgang in La Seu d'Urgell und (ganz rechts) Josa del Cadí.

(18 km hin und zurück). Ansonsten fahren Sie jedoch an dieser Abzweigung vorbei und erreichen nach 3 km das reizende Bergdorf **Bellver de Cerdanya** (48 km ∆✕). Fahren Sie in Richtung Puigcerda weiter. 3 km hinter Bellver nehmen Sie nicht die Rechtsabzweigung zum Túnel del Cadí, sondern bleiben auf der N260 (falls man jedoch Llívia nicht besichtigen und stattdessen lieber eine Abkürzung nehmen möchte, dann kann man hier rechts abbiegen und sich 35 km sparen). Am Verkehrskreisel vor dem Grenzübergang in **Puigcerda★** (66 km ✝⌂▲✕⛽WC) nehmen Sie die Ausfahrt nach **Llívia★** (71 km ✝⌂▲✕⛽M). Bald darauf sind Sie schon in dieser historischen spanischen Enklave in Frankreich. Kehren Sie anschließend nach Puigcerda zurück (76 km), und folgen Sie in **Alp** der Ausschilderung zum **Túnel del Cadí**, den Sie nach weiteren 17 km (94 km) erreichen. Wer jedoch Wanderung 8 unternehmen möchte, biegt in Alp links nach Ribes de Freser.

Der mautpflichtige Tunnel ist gut 5 km lang, führt unter der Serra del Cadí hindurch und kommt in der Nähe von **Greixer** (102 km) wieder ans Tageslicht. Fahren Sie auf der C1411 nach **Guardiola** (108 km ▲✕⛽) weiter und *tanken Sie hier auf; für den nächsten Abschnitt der Reise werden Sie reichlich Benzin benötigen.* Etwa 1 km hinter Guardiola folgen Sie halb rechts dem Schild nach »Saldes«*. Nachdem Sie den Fluß Saldes überquert haben, windet sich die Straße zu einem Riff hinauf, das am Südrand des Parc Natural Cadí-Moixeró verläuft. Bei **Maçaners** (Massanes) hat man eine wundervolle Aussicht (c) auf die Pedraforca; dieser Doppelgipfel ist ebenso ein Wahrzeichen der Region wie der Schwarzspecht. Hinter **Saldes** (126 km; Picknick 3) verwandelt sich die Gegend zunehmend in eine Wildwestlandschaft mit roten Felsschluchten (📷).

In dem kleinen Dorf **Gósol** (136 km ▲✕; Wanderung 9), das einmal den jungen Picasso inspirierte, endet die Asphaltstraße. Fahren Sie geradeaus über den Marktplatz hinweg und auf

***Alternative (auf Asphaltstraßen):** Fahren Sie nach dem Túnel del Cadí auf der C1411 an der Saldes-Abzweigung vorbei nach Süden bis Berga (⌂▲✕⛽WC; kurzer Abstecher zur Kapelle Queralt ✝📷) weiter. Folgen Sie von Berga den Schildern nach St Llorenç de Morunys (⌂▲✕⛽). Diese Straße führt am Südrand der Pyrenäen entlang durch atemberaubende Landschaft bis zur Hauptstraße C1313 (direkt südlich von Organyá). Von hier fahren Sie Richtung Norden zurück nach La Seu d'Urgell.

einem problemlosen Fahrweg weiter zum **Col de Josa** (1625 m) hinauf. Hier oben hat man einen herrlichen Panoramablick auf die Serra del Cadí und ihren höchsten Gipfel, den Canal Baridana (2642 m). Während es danach zum Fluß Josa und zu dem bezaubernden Bergdorf **Josa del Cadí** (Foto oben) hinabgeht, befinden Sie sich schon im Herzen des Naturparks. In **Tuixén** (150 km ✝⌂✕) fahren Sie links über die Brücke, wenn Sie das Dorf erkunden wollen; andernfalls folgen Sie den Schildern nach »La Seu d'Urgell«.

Nach 3 km verzweigt sich der Weg. Lassen Sie die Linksabzweigung nach Sorribes de Lavansa unbeachtet und fahren Sie stattdessen nach rechts bergauf weiter. Herrlich liegen die alten, aus Stein erbauten Dörfer **Cornellana**, **Fórnols** und **Adraén** (Drahent) auf den umliegenden Hängen. Wieder befinden Sie sich am Rande des Naturparks, aber dennoch besteht hier die Chance, Gemsen, Hirsche, Rehe, Rebhühner und Steinadler zu Gesicht zu bekommen. Kurz hinter Adraén geht es an einer Rechtsabzweigung nach Sant Salvador vorbei. Schließlich führt der Weg merklich nach Norden bergab. Es eröffnen sich nun gute Ausblicke nach Andorra und auf die großartige Nordflanke der hinter Ihnen liegenden Serra del Cadí. Etwa 6 km hinter dem Dorf **El Ges** stoßen Sie auf eine Asphaltstraße, der Sie links nach La Seu d'Urgell folgen. Direkt vor **La Seu** überqueren Sie den Río Segre und biegen dann rechts ins historische Ortszentrum (189 km). Von nun an folgen Sie einfach den Schildern zurück nach **Andorra la Vella**.

4 DAS PLATEAU DER KATHARER

Tarascon-sur-Ariège • Col de Marmare • (Montaillou) • Comus • Pas de l'Ours • Forêt de la Bunague • Plateau de Sault • l'Espine • Montségur • Roquefixade • Foix • Tarascon-sur-Ariège

130 km; etwa 4 Std. Fahrzeit

Am Wege: Picknick 4 (siehe Seite 8-11); Wanderung 11 und 12

Diese Rundfahrt beginnt und endet in Tarascon-sur-Ariège. Sie führt in eine der abgelegensten Regionen Frankreichs, die gleichzeitig die letzte mittelalterliche Hochburg der Katharer war. Der Name dieser christlichen Sekte bedeutet soviel wie »die Reinen«. Ein Abschnitt der Tour verläuft auf einem Fahrweg. Wenn man von Süden kommt, ist es vielleicht praktischer, hinter Ax-les-Thermes die Straße zu nehmen, die über Ignaux zum Col de Chioula ansteigt. ***Hinweis:*** *Zwischen den größeren Ortschaften gibt es kaum Tankstellen oder Einkaufsmöglichkeiten.*

In dieser abgeschiedenen Pyrenäenregion kommen weitaus mehr Vögel als Menschen vor; einige Arten sind sogar recht selten. »Unter Tage« sind die Höhlenforscher in ihrem Element. Dennoch hat diese Tour nicht nur Ornithologen und Speläologen etwas zu bieten, sondern hält auch für den gewöhnlichen Autotouristen aufregende Sehenswürdigkeiten und einen beeindruckenden Canyon bereit.

Fahren Sie auf der Hauptstraße N20 von **Tarascon-sur-Ariège** (▲▲✕⛽) Richtung Norden, und biegen Sie hinter dem Dorf **Bompas** (3 km) rechts auf die D20 ab (Ausschilderung »Arnave« und »Col de Marmare«). Die schmale Straße steigt an und gewährt einen herrlichen Blick über das Ariègetal. In **Axiat** geht es unterhalb des Talksteinbruchs von Trimouns vorbei. Dort, wo die Straße auf die D613 von Ax-les-Thermes einmündet, fahren Sie zum **Col de Marmare** weiter (1361 m; 36 km). (Fotos von Wanderung 11 sind auf dem Umschlag und auf Seite 2 zu sehen. Wenn man Wanderer in Mérens-les-Vals absetzen möchte, wo diese Wanderung beginnt, biegt man hier rechts ab: Mérens liegt etwa 8 km südlich von Ax-les-Thermes an der N20.)

Sie befinden sich nun am Rande eines riesigen, wilden Plateaus. Es ist eines der letzten Refugien Frankreichs, in dem Geier, Bussarde und Falken am Himmel ihre Kreise ziehen, sich wie ein Stein auf ihre Beute stürzen und manchmal auch einfach nur beim Spielen zu beobachten sind. Vorbeifahrende Autos stören die Greifvögel nicht, doch wenn man anhält, flüchten sie sofort. Meilenweit kann man den

Plateau de Sault

kurvenreichen Straßenverlauf vor sich erblicken.

Gleich hinter **Prades** (40 km ▲▲✕⛽WC) kommt die Linksabzweigung nach **Comus** (43 km ▲: Gîte d'Etape), dem Ausgangspunkt für Wanderung 12. (Nicht weit hinter dieser Abzweigung führt eine Rechtsabzweigung nach Montaillou; dies war früher ein bedeutender Ort der Katharer. Wenn man diesen Abstecher macht, fährt man anschließend nach Comus zurück.)

Fahren Sie auf der D20 durch Comus hindurch, und verlieren Sie Ihre gute Laune auch dann nicht, wenn die Straße sich in einen Feldweg verwandelt. Nach 3 km erreichen Sie am **Col de la Gargante** eine reizende Picknickstelle (📷; Picknick 4). Fahren Sie nun weder auf dem rechten Weg (Beschilderung »Col de Lancise« und »Belcaire«) noch geradeaus auf der »Route forestière non goudronnée« (ungeteerter Waldweg) weiter.

Nehmen Sie stattdessen die möglicherweise nicht ausgeschilderte Linksabzweigung. Dieser Weg führt rasch zu einem der ergreifendsten Ausblicke Europas (📷): Am **Pas de l'Ours** bricht ein 600 m tiefer Abhang steil in die Gorges de la Frau ab (Wanderung 12). Der Fahrweg folgt einem schmalen, gut bewaldeten Hangvorsprung; obwohl die Ränder ungesichert sind, ist das Fahren ungefährlich.

Nach kurzem Halt, um die Aussicht zu genießen, geht es auf dem sehr gut befahrbaren Weg an einer Schutzhütte vorbei bergab und dann von der Schlucht weg. Etwa 6 km hinter dem Pas de l'Ours mündet rechts ein Weg ein (von Belcaire). Ein Schild verkündet, daß man nun die »Forêt Domaniale de la Plaine et de Comus« verläßt. Fahren Sie geradeaus bis zur nächsten Verzweigung weiter. Lassen Sie hier die beschilderte Linksabzweigung zur »Aire de picnic 200 metres« unbeachtet, wenn Sie sich einen offiziellen Picknickplatz ersparen wollen (⛩). Biegen Sie stattdessen rechts in ein abgeschiedenes Tal mit jungen Aufforstungen ein; der Blick schweift hier bis zu Bauernhöfen, die aus der Ferne winzig erscheinen. Nach weiteren 5 km kommt erneut eine Verzweigung. Nehmen Sie weder die

Rechtsabzweigung (nach Trasoulas) noch die Linksabzweigung (schlechter Straßenbelag), sondern fahren Sie geradeaus weiter und rechts um das Dorf **la Bunague** herum. Schließlich stoßen Sie auf die Asphaltstraße D29 (60 km), der Sie nach links folgen.

Nun fahren Sie am Rande des Plateau de Sault entlang. Nach 3 km Asphaltstraße biegen Sie links auf die erste asphaltierte Seitenstraße ab, die hinter la Bunague kommt. Sie ist sehr schmal und hat viele Schlaglöcher, aber immerhin ist sie asphaltiert. Nach etwa 1 km fahren Sie an der Abzweigung des »Chemin Privé« vorbei. In **l'Espine** (72 km) kommt man aus dem dichten Wald heraus und biegt nach rechts (wenn man jedoch Wanderung 12 nicht unternimmt, dann sollte man hier unbedingt den 4,8 km langen Abstecher nach links in die Gorges de la Frau machen).

In **Fougax-et-Barrineuf** (73 km) biegen Sie links auf die D9 ab und folgen dem Wegweiser nach »Montségur«. Dies ist die schönste Seite, von der man sich der berühmten Burg nähern kann, und bald wird die herrliche Silhouette der auf einer Bergspitze thronenden Festung sichtbar. Man kann nur staunen und sich fragen, wie es Menschen fertiggebracht haben, die Baumaterialien herbeizuschaffen und ein solch wunderschönes Bauwerk zu erstellen. Wenn man auf der von einer steiler Felswand begrenzten Straße dahinfährt, kann man ermessen, wie wirkungsvoll der Wachtturm hoch droben gegen Feinde gewesen sein muß. Die Straße führt ins Dorf **Montségur** hinauf (81,5 km ✕MWC) und dann weiter zur Burg★ (♜) empor. Hier wurden in den Jahren 1243/44 die Katharer zehn Monate lang belagert und anschließend massakriert.

Etwa 4 km hinter Montségur fahren sie an der Linksabzweigung nach Mont d'Olmes vorbei (dies wäre ein ein 14 km langer Abstecher auf der D909 zu dem Wintersportort) geradeaus weiter (Ausschilderung »Foix 26 km«). In **Montferrier** (87,5 km) biegen Sie rechts in Richtung Lavelanet ab. Vor Villeneuve d'Olme nehmen sie die Sie eine schlecht ausgeschilderte Linksabzweigung nach Foix. Damit gelangen Sie zur D117, wo Sie wieder links abbiegen müssen. Binnen 1 km geht es wieder rechts ab — auf die D9. Diese höhergelegene und malerischere Strecke nach Foix verläuft durch steil am Hang gelegene Felder mit baufälligen Scheunen und unterhalb der Burg **Roquefixade** (96km ♜) vorbei.

Lassen Sie alle Linksabzweigungen unbeachtet und bleiben Sie immer auf dieser höheren Straße. Sie stoßen schließlich auf die Hauptstraße N20 und biegen rechts nach **Foix**★ (113 km ▲▲✕⛽♜◙⊕MWC). Diese geschichtsträchtige Ortschaft mit ihrer berühmten Burg lohnt eine Besichtigung. Beschließen Sie danach die Rundfahrt, indem Sie auf der N20 nach **Tarascon-sur-Ariège** (130 km) zurückkehren.

5 TIEFE TÄLER, HOHE GIPFEL UND STEINZEITLICHE HÖHLENMALEREIEN

Tarascon-sur-Ariège • Grotte de Niaux • Aulus-les-Bains • Seix • Vallée de Bethmale • St-Girons • St-Lizier • Massat • Bédeilhac • Tarascon-sur-Ariège

168 km; etwa 5 Std. Fahrzeit

Am Wege: Picknick 5 (siehe Seite 8-11)

Dies ist eine Rundfahrt durch tiefe Täler und über kahle Pässe, wie sie für die Ariège typisch sind. Die Tour führt zu zwei der bedeutendsten prähistorischen Höhlenmalereien der Welt. Hinweis: In Tarascon-sur-Ariège kann man diese Tour mit Autotour 4 verbinden.

Auf den Hochebenen der Ariège-Pyrenäen haben bis heute einige wenige Exemplare von Braunbär und Luchs die Herzlosigkeit des 20. Jahrhunderts überlebt. Hier, wo der Gebirgszug einerseits schon sehr verschandelt ist, wurde das Ökosystem der Hochebenen (mit den beiden Dreitausendern Montcalm und Estats) dank der unglaublich steilen und unzugänglichen Täler vor Höhlenmenschen und Autotouristen gleichermaßen bewahrt.

In **Tarascon-sur-Ariège** () folgen Sie der D8 nach »Vicdessos«. Bald kommen Sie durch **Niaux** (5 km). Hier kann man die berühmte **Grotte de Niaux**★ (), die sich in den grauen, wassergestreiften Felswänden der Region öffnet, sowie die weniger bekannte Grotte de la Vache () und das Musée Paysan (**M**) besuchen.

Kurz vor Vicdessos lohnt sich ein kurzer Abstecher nach links zum »Dolmen Sem« mit herrlicher Aussicht. In **Vicdessos** (14 km) biegen Sie nach rechts (Ausschilderung »Aulus-les-Bains«) und fahren durch eine wilde Landschaft zur **Port de Lers** (1517 m; 26 km) hinauf. In der Wildnis, die man im Süden sieht, kämpfen Bär und Luchs am Rande der Ausrottung um ihr Überleben.

Nun geht es durch eine ideale Ferienlandschaft mit tiefen Wäldern, Wanderwegen und Wochenendhäuschen (bemerkenswerterweise ohne Fernsehantennen!) und schießlich hinunter zum **Etang de Lers.** Dieser Teich ist ein beliebter Rastplatz mit Gelegenheit zum Bootfahren (Picknick 5). Fahren Sie an der Rechtsabzweigung nach Massat vorbei zum **Col d'Agnès** hinauf (). Von diesem Paß fährt man wieder 900 Höhenmeter bergab — von den kahlen Gipfeln und Bergseen des Hochgebirges hinunter ins Garbettal nach **Aulus-les-Bains** (40 km) mit seinen engen Straßen und großen Gebäuden.

Höhlenmalereien in der Grotte de Niaux

Dieser traditionsreiche, kühle Kurort ist leider für die allzu großen Jagderfolge seiner Jäger und Bärenfänger berühmt-berüchtigt.

Von Aulus folgen Sie der Ausschilderung zum »**Col de la Trappe**« (45 km ⛰✕) steil aus dem Tal heraus. Etwa 1 km vom Paß entfernt kann man nach links einen 10 km langen Abstecher nach Guzet-Neige (Δ📷) machen. Dieser Abstecher ist wegen der herrlichen Aussicht, die sich auf der Rückfahrt bietet, sehr empfehlenswert. Man sieht im Osten auf Aulus hinunter und erblickt die immer sanfter gewellten Gebirgsausläufer am Rande der Pyrenäen.

Am Ende des engen Ustoutals biegen Sie rechts ab (Wegweiser nach »Seix«). **Seix** (65 km ⛰Δ✕⛽) ist eine interessante Ortschaft zu beiden Ufern des Flusses Salat und zugleich ein Zentrum für Kanufahrer. (Wer die Autotour abkürzen möchte, folgt in Seix den Schildern geradeaus in Richtung St-Girons. Man überquert die D32, fährt zur D618 weiter und folgt dieser Straße rechts nach Tarascon. Die gesamte Rundfahrt ist dann nur 130 km lang).

Überqueren Sie den Fluß und nehmen Sie die D17. Diese Straße führt am **Col de la Core** (1395 m; 📷) ins Bethmaletal hinunter, in dem einst die Landwirtschaft blühte. Dann verließen die Menschen das Tal, und allmählich eroberte die Natur es wieder zurück; in unseren Tagen wird es von Feriengästen wiederbevölkert. In **Castillón-en-Couserans** (93 km ⛰⌂Δ✕⛽) fahren Sie rechts nach **St-Girons** (106 km ⛰⌂✕⛽ WC). Dort nehmen Sie die Hauptstraße nach Salies, um die römische Stadt **St-Lizier★** (108 km ✝♜) mit ihren beiden Kathedralen und den bis heute erhaltenen Festungsanlagen zu besuchen.

Holzschuhe aus der Vallée de Bethmale

Kehren Sie von St-Lizier nach St-Girons zurück und verlassen Sie diese geschäftige Ortschaft dann auf der D618 (Ausschilderung »Massat« und »Col de Port«). Die Straße führt nun durch die Gorges de Ribaouto und die Gorges Biert nach **Massat** (138 km ⛰✕⛽). Dann überqueren Sie den Fluß Arac und fahren durch Wald zum **Col de Port** hinauf (1250 m). Von dort geht es zu der großen Höhle von **Bédeilhac★** hinunter (∩). In dieser Höhle befinden sich Malereien und Ritzzeichnungen aus der Magdalenien-Zeit (vor über 10.000 Jahren). Schließlich ist wieder **Tarascon-sur-Ariège** (168 km) erreicht.

Braunbär

6 DER PARC NACIONAL D'AIGUES TORTES

Viella • Port de la Bonaigua • Espot • Parc Nacional d'Aigües Tortes • Gerri de la Sal • La Pobleta de Bellvei • El Pont de Suert • (Caldes de Boí) • Túnel de Viella • Viella

215 km; etwa 6,5 Std. Fahrzeit

Am Wege: Picknick 6 (siehe Seite 8-11); Wanderung 13

Eine große Rundfahrt durchs Val d'Aran und in einen der beiden Nationalparks der spanischen Pyrenäen: in den Parc Nacional d'Aigües Tortes.

Vor Fertigstellung des Túnel de Viella im Jahre 1948 war das Val d'Aran als einer der entlegensten Zipfel Spaniens jeden Winter von der Außenwelt abgeschnitten. Ein lebendiges Zeugnis dieser ehemaligen Abgeschiedenheit sind die seltenen Blumen- und Schmetterlingsarten. Die neuen Strommasten dagegen passen nicht ins Landschaftsbild und zeugen von einem eher gefühllosen Umgang mit der Natur.

Verlassen Sie **Viella★** (✝▲▲✕⛽M) Richtung Osten und fahren Sie auf der C142 durch das Tal (folgen Sie den Schildern nach Baqueira-Beret). Bald darauf kommen Sie an der Rechtsabzweigung nach La Tuca vorbei, dem Wintersportgebiet Viellas. Wenn Sie Zeit haben — viele der alten Ortschaften im Tal lohnen einen Besuch, besonders Arties (▲: Parador), Salardú (✝▲✕) und Tredos. Hinter **Baqueira** (▲✕) steigt die Straße vom traurig verschandelten Talgrund steil zur **Port de la Bonaigua** (2072 m; 22 km; 📷) an; südlich davon erstreckt sich der Parc Nacional d'Aigües Tortes. Vom Paß fällt die Straße steil nach **Esterri d'Aneu** (46 km ▲✕⛽) ab. Es liegt an der Quelle des Noguera Pallaresa, des mächtigsten Stroms der Region.

Nach 6 km, unmittelbar südlich von Guingueta, biegen Sie rechts nach **Espot** (59 km ▲▲Δ✕) und zum **Parc Nacional d'Aigües Tortes** (68 km; Picknick 6 und Wanderung 13). Es klingt wie Hohn, wenn man sich angesichts der für hydroelektrische Zwecke begradigten und kanalisierten Gewässer die ursprüngliche Bedeutung der Worte »Aigües Tortes« vergegenwärtigt: »Verschlungene Wasser«. Doch abseits der Dämme und Rohre grasen immer noch Gemsen und kreisen weiterhin Steinadler über den Fichten-, Buchen- und Birkenwäldern (Foto auf Seite 89).

Fahren Sie zur Hauptstraße zurück und am Ufer des breiten und starken Noguera Pallaresa entlang nach **Llavorsi** (96 km ▲▲✕⛽) und **Gerri de la Sal** (123 km ✕), wo man neben der Straße die alten Salinen★ sehen kann.

Normalerweise fährt man hinter Gerri durch die Schlucht Estret de Collegats nach La Pobla de Segur und dann am Fluß Castelbó entlang nach Senterada. Es steht Ihnen frei, diese Strecke zu wählen, aber wir möchen Ihnen empfehlen, die schmale Rechtsabzweigung am Ortseingang von Gerris zu nehmen; ein unauffälliges Schild mit der Aufschrift »Pobleta de Bellvei« weist darauf hin. Diese Straße ist auf manchen Karten gar nicht verzeichnet, aber die ganze Strecke nach **La Pobleta**

In den Baronnies unterwegs nach La Cascade (Autotour 7, Kurzwanderung 14)

(140 km) führt durch magisch bezaubernde Landschaft (📷).

In La Pobleta biegen Sie links nach **Senterada** (143,5 km) und dann rechts auf die C144. Durch eine einsame Landschaft mit verstreuten Dörfern geht es zum **Coll de Perbes** hinauf (1530 m) und dann nach **El Pont de Suert** weiter (175 km). Fahren Sie nun auf der N230 Richtung Norden nach Viella zurück. Nach etwa 1 km können Sie noch einen Abstecher machen (insgesamt 44 km), indem Sie die Rechtsabzweigung nach Caldes de Boí nehmen. Dieser Ferienort liegt am Westrand des Nationalparks. Ansonsten fahren Sie zum **Túnel de Viella** weiter und schließlich nach **Viella** hinein (215 km).

Kloster St-Bertrand-Comminges (Autotour 7)

7 GROTTEN UND WASSERSPEIER

Bagnères-de-Bigorre • Abbaye d'Escaladieu • Château de Mauvezin • (Esparros) • Grottes de Gargas • St-Bertrand-Comminges • Luchon • Col de Peyresourde • Arreau • Col d'Aspin • Bagnères-de-Bigorre

162 km; etwa 5 Std. Fahrzeit

Am Wege: Picknick 7 (siehe Seite 8-11); Wanderung 14 und 15

Auf der ganzen Fahrt sind alle Straßen gut asphaltiert.

Besichtigen oder nicht besichtigen — das wird hier die Frage sein, denn diese Rundfahrt führt zu der Abtei von Escaladieu, zum Château de Mauvezin, zu den prähistorischen Grottes de Gargas mit ihren seltsamen Handabdrücken, zum großartigen Kloster St-Bertrand-Comminges, zur Grotte de Médous — und zu vielen anderen Sehenswürdigkeiten zwischen den Gebirgsausläufern der Baronnies und dem Col d'Aspin.

Verlassen Sie **Bagnères-de-Bigorre** (▲▲▲△✕☎WC) auf der D938, den Schildern Richtung Toulouse und Capvern folgend. In **le Hailla** (7 km) fahren Sie an der Linksabzweigung nach Tournay vorbei zur alten Abtei★ (✝) von **Escaladieu** weiter (13 km; Zeichnung gegenüber). Von hier geht es geradeaus weiter zum **Château de Mauvezin★** (▮☎), das auf der Anhöhe thront.

Vom Château fahren Sie wieder bergab Richtung Escaladieu und biegen kurz vor der Abtei bei der Auberge l'Arros links ab (Ausschilderung »Les Baronnies«). Unmittelbar vor Bourg-de-Bigorre überqueren Sie den Fluß Arros und folgen den Schildern zur »**Maison des Baronnies**« (18 km ▲✕WC). Das Informationsbüro erteilt genaue Auskunft über diese großartige Wandergegend, die auf Seite 90 und gegenüber abgebildet ist.

Fahren Sie an allen Abzweigungen vorbei auf der D14 weiter; der Fluß befindet sich zunächst zu Ihrer Rechten. Es geht nach **Espèche** hinauf und dann an **Lomné** vorbei, bis Sie auf die D26 stoßen (24 km). Biegen Sie nach links zum **Col de Coupe** (720 m; 26 km ☎). Von hier schweift der Blick zurück auf die samtgrünen Hänge. Wenn man am Col de Coupe rechts abbiegt, dann kommt man in das nur 1 km entfernte **Esparros** (▲; Wanderungen 14).

Sie stoßen auf die Hauptstraße D929, biegen rechts in Richtung Heches und gleich darauf (hinter einer Tankstelle) nach links; folgen Sie der Ausschilderung »Hostellérie de la Neste«. Sie fahren nicht nach Hechettes hinein, sondern biegen an einer Verzweigung nach links und bleiben auf der D26, die durch **St-Arroman** (36 km) führt. Biegen Sie kurz darauf rechts ab (Ausschilderung »Nestier«). Fahren Sie an allen Abzweigungen vorbei geradeaus durch **Nestier** und gelangen Sie so in das wunderschöne Dorf **Aventignan**. Gleich danach geht es dann rechts ab zu den **Grottes de Gargas★** (48 km ▲∩✕WC).

Wenn Sie nach Besichtigung der Höhlen wieder zur Hauptstraße kommen, fahren Sie rechts weiter. Bald darauf wird auf einem Berggipfel das Kloster **St-Bertrand-Comminges★**

sichtbar; dies ist eins der bedeutendsten religiösen Bauwerke der Pyrenäen (56 km ✝Π✕WC). Die Tour setzt sich über **Valcabrère** fort. Von dort kann man einen kurzen Abstecher zur nahegelegenen Kirche St-Just★ (✝ aus dem 11. Jh.; 📷) machen und dabei den großartigen Blick zurück auf das Kloster St-Bertrand genießen. Etwa 2 km hinter Valcabrère stoßen Sie auf die D(RN)125 und fahren rechts nach **Luchon★** weiter (auch Bagnères-de-Luchon genannt; 89 km ⌂▲Δ✕⛽MWC). Für Wanderung 15 folgt man der D126 Richtung Süden zum »Hospice de France«.

Verlassen Sie Luchon auf der D618 (Ausschilderung »Col de Peyresourde«). Vergewissern Sie sich aber, daß die Schilder grün sind; dann ist der Paß nämlich offen und befahrbar. Die Straße führt steil zum Bergdorf **St-Aventin** (93 km ✝) hinauf und dann durch **Garin** hindurch (96 km ⌂✕) zum **Col de Peyresourde** (1569 m; 108 km 📷).

Danach geht es auf der D618 an allen Abzweigungen vorbei durch eine herrliche Landschaft nach **Arreau** hinunter (125 km ⌂▲✕⛽WC). Arreau hat wunderschöne Fachwerkhäuser und einen überdachten Markt. Überqueren Sie beim Office du Tourisme eine Brücke, biegen Sie rechts auf die D929 (Ausschilderung »Col d'Aspin«) und gleich darauf links auf die D918 (weiterhin zum Paß ausgeschildert). Die steile, 12 km lange Steigungsstrecke führt an einer der reichsten Waldgemeinden des ganzen Départments vorbei: an dem reizenden Dorf **Aspin-Aure**. Halten Sie schließlich am **Col d'Aspin** (📷 1489 m; 137 km; Picknick 7) und bewundern Sie die Aussicht. Im Süden liegen die Gipfel des Grenzgebirges; vor Ihnen erhebt sich der Pic du Midi de Bigorre mit dem Observatorium auf seiner Spitze.

Durch den Wald geht es nun ein letztes Mal bergab auf das weite Plateau de Payolle mit seinem schönen See (143 km ⌂✕) und mit **Ste-Marie-de-Campan** (150 km ✝⌂✕⛽WC), wo Sie rechts auf die D935 einbiegen. Die letzten Sehenswürdigkeiten am Wegesrand sind die Kirche in **Campan** (✝ aus dem 17. Jh.; ⌂Δ✕) und die **Grotte de Médous★** (∩) mit ihren eindrucksvollen Kalksteinformationen. Danach geht es nach **Bagnères-de-Bigorre** zurück (162 km).

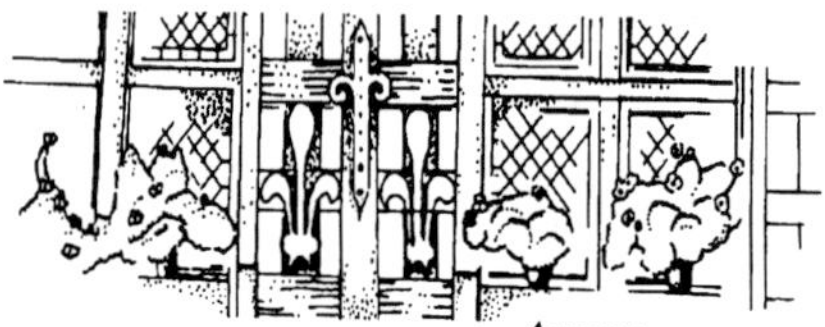

Arreau

8 WUNDER UND WUNDERBARES

Lourdes • Bagnères-de-Bigorre • Ste-Marie-de-Campan • La Mongie • Col du Tourmalet • Barèges • Luz-St-Sauveur • Cirque de Gavarnie • (Beaucens oder Cauterets) • Argelès-Gazost • Agos Vidalos • Lourdes

148 km; etwa 4 Std. Fahrzeit

Am Wege: Picknick 8 (siehe Seite 8-11); Wanderung 16, 17, 18 und 19

Alle Straßen auf dieser bequemen Rundfahrt sind gut asphaltiert. Die Fahrt beginnt in dem berühmten Wallfahrtsort Lourdes und führt unterwegs auch zur größten Sehenswürdigkeiten der gesamten Pyrenäen, dem Cirque de Gavarnie.

Diese Rundtour führt von dem weltberühmten Wallfahrtsort Lourdes in die vielleicht bekannteste Landschaft der Pyrenäen — zu dem phantastischen Cirque de Gavarnie. Vielleicht nehmen Sie sich auch noch Zeit, Cauterets zu besuchen; Kaiserin Eugénie liebte diesen Ferienort in den Bergen jedenfalls sehr.

Verlassen Sie **Lourdes★** (✝⌂⌂⌂✕⛽WC) nach Süden auf der N21 in Richtung Argelès-Gazost, aber nach 3 km biegen Sie vor der Brücke über den Gave du Pau links auf die D113 nach Créac ab. Binnen weniger Minuten kommt eine Verzweigung, an der Sie nach links biegen (Ausschilderung »Créac« und »Pouzac«) und durch eine sanftgrüne Landschaft mit dem Hochgebirge im Süden nach **Pouzac** weiterfahren (22 km). Biegen Sie dann rechts auf die D935, die Sie rasch nach **Bagnères-de-Bigorre** führt (26 km ⌂⌂⌂Δ✕⛽WC).

Verlassen Sie Bagnères auf der D935 nach Süden, indem Sie den deutlich über der Straße angebrachten Schildern mit der Aufschrift »les cols« folgen. Nach 2 km kommen Sie an dem schmiedeeisernen Eingang zur **Grotte de Médous★** (∩) vorbei. Fahren Sie anschließend durch **Campan** (32 km ✝⌂⌂Δ✕) und **Ste-Marie-de-Campan** (38 km ✝⌂⌂✕⛽WC). Fast unmittelbar hinter Ste-Marie biegen Sie rechts auf die D918 und folgen der Ausschilderung »Col du Tourmalet« und »La Mongie«. Links steht eine Tankstelle (⛽) — die letzte Gelegenheit, vor der langen Reise in die Berge aufzutanken.

Von **La Mongie** (54 km ⌂⌂⌂✕) fahren Sie über den **Col du Tourmalet** (2115 m; 58 km ✕∞WC) in den benachbarten Ferienort Barèges; zusammen bilden diese beiden Ortschaften das größte Wintersportgebiet der Pyrenäen. Vom Paß können Sie auf einer Mautstraße fast bis zum Gipfel des Pic du Midi de Bigorre (2872 m) hinauffahren. Die Fahrt vom Paß hinab nach **Barèges** (69 km ⌂⌂⌂✕⛽WC) und **Luz-St-Sauveur★** (76 km ✝⌂⌂⌂Δ✕⛽WC) führt in abenteuerlichen Haarnadelkurven durch eine herrliche Hochgebirgslandschaft. Im Ortszentrum biegen Sie scharf links auf die N21 (Ausschilderung »Gavarnie«). Halten Sie sich an der Brücke links; der Gave de Gavarnie liegt rechts, und die eleganten Kurgebäude stehen am gegenüberliegenden Ufer.

Hinter **Gèdre** (88 km ⌂⌂⌂✕) geht es bergauf. Nach der

Linksabzweigung zum Cirque de Troumouse (weniger bekannt als der Cirque de Gavarnie) rückt allmählich der unglaubliche **Cirque de Gavarnie★** ins Blickfeld (Foto auf Seite 95). Auch das berühmte Felsentor an seinem Rand, die Brèche de Roland, ist gut zu erkennen (Wanderung 18; Foto auf Seite 100-101). **Gavarnie★** selbst (96 km ✝⛺▲✕☎WC; Wanderung 16, 17, 18 und Picknick 8) besteht lediglich aus einer Ansammlung wackeliger Andenkenläden. Dennoch ist es das Herz der französischen Pyrenäen und schon seit über einem Jahrhundert Ausgangspunkt für große Touren berühmter Bergsteiger.

Fahren Sie nach Luz-St-Sauveur zurück (116 km) und folgen Sie auf dem Marktplatz links den Schildern nach Argelès-Gazost und Lourdes. Nach etwa 2 km verlassen Sie die Hauptstraße und biegen rechts nach **Saligos** und **Chèze** ab, wo die Statue eines Riesen des Bildhauers Rémi Trotro vor einer Poterie/Crêperie steht und drohend ins Tal hinabblickt. Kehren Sie dann auf die Straße nach Lourdes zurück; sie führt an einem breiten Fluß entlang durch eine schluchtartige Landschaft mit steilen Felsen. Fahren Sie weiter bis **Soulom** (127 km; Abstechermöglichkeit rechts nach Beaucens, um im »Donjon des Aigles« Greifvögel zu sehen) und **Pierrefitte-Nestalas** (Abstechermöglichkeit links nach Cauterets und in das Gebiet von Wanderung 19; 21 km hin und zurück).

Unsere Haupttour folgt der N21 über **Argelès-Gazost** (136 km ⛺▲Δ✕⛽) und **Agos-Vidalos** (141 km ⛺✕). Über diesem Dorf thront die »montagne enchantée«, der Pic de Pibeste. Das bemerkenswerte mediterrane Mikroklima dieses Berges begünstigt Mufflons (Wildschafe) und einige seltene Pflanzenarten. Nähere Informationen über diesen merkwürdigen Berg erhalten Sie in der Résidence Bellevue in Agos-Vidalos. Fahren Sie dann auf der Hauptstraße nach **Lourdes** zurück (148 km).

Den Roten Milan und viele andere heimische und exotische Vögel bekommt man im Donjon des Aigles in Beaucens (unweit Cauterets) zu sehen. Ein Besuch ist eine sehr lehrreiche Erfahrung, selbst wenn man gegen die Käfighaltung von Vögeln ist.

9 DIE GRAND CANYONS DER PYRENÄEN

Torla • Parque Nacional de Ordesa • Broto • Sarvisé • Fanlo • Nerin • (Añisclo-Canyon) • Desfiladero de Vellos • Escalona • Hospital de Tella • Tella • Revilla • Bielsa • Valle de Pineta • Bielsa • Escalona • Ainsa • Torla

194 km; etwa 6 Std. Fahrzeit

Am Wege: Picknick 9 (siehe Seite 8-11); Wanderung 20, 21, und 22

Eine anspruchsvolle Fahrt, die streckenweise auf nicht asphaltierten Straßen durch abgeschiedene Bergwildnis führt. Es bietet sich auch Gelegenheit zu Abstechern in einige der atemberaubendsten und unberührtesten Canyons der Welt.

Beim Erkunden dieser unglaublich schönen Landschaft werden Sie sich bestimmt fragen, warum diese Gegend nicht weltberühmt ist. Das Foto auf Seite 11 entstand auf der Fahrt zum Nationalpark Ordesa; sie führt über Torla, wo man zuerst die Kirche vor dem Hintergrund des schneebedeckten Mondarruego erblickt. Zwischen der Kirche und den Berggipfeln liegt der Eingang zum Canyon.

Fahren Sie zunächst auf der C138 nach Norden über **Torla** (▲▲Δ✗) in den **Parque Nacional de Ordesa y Monte Perdido★** (6,5 km). Zusammen mit dem angrenzenden Parc National des Pyrénées bildet er das größte und eindrucksvollste Naturschutzgebiet des Pyrenäen (✗◎⛩; Picknick 9). Auch wenn Sie sonst keine einzige Wanderung in den Pyrenäen machen — unternehmen Sie wenigstens die Kurzversion von Wanderung 22 entlang des 1000 m tiefen Canyons des Flusses Arazas (siehe das obere Foto auf der nächsten Seite). Sie durchdringen dichte Wälder aus Buchen, Kiefern, Latschen und Silbertannen, und Sie werden Gemsen, Lämmergeier und andere Geierarten sehen. Leider haben nur sehr wenige Steinböcke die unkontrollierte Jagd früherer Jahre überlebt.

Fahren Sie dann auf demselben Weg nach Torla zurück. Nach etwa 3 km können Sie allerdings einen Abstecher nach Bujaruelo machen (12 km hin und zurück). Biegen Sie dazu nach rechts auf einen nicht asphaltierten Weg ab und fahren Sie bis zu der alten Steinbrücke über den Fluß Ara. Hier lassen sich häufig Murmeltiere und Gemsen blicken.

Südlich von Torla, auf der C138, kann man die atembe-

Die Natur als Künstlerin: Von der Straße bei Ainsa fällt der Blick auf diese künstlich wirkenden Felsformationen.

Gegenüber: Im Nationalpark Ordesa (Wanderung 22). Der Río Arazas (oben) und Wasserfall unweit des Circo de Soaso. Siehe auch das Foto auf Seite 1.

raubenden Flugkünste des wunderschönen Roten Milans bewundern, der hier die Müllhalde durchstöbert. Fahren Sie durch **Broto** (20 km) und biegen Sie in **Sarvisé** (23 km) links auf die schmale, mit Schlaglöchern durchsetzte HU631 ab. Diese Straße führt bergauf und gewährt fast unheimlich anmutende Ausblicke auf die einsamen Plateaus über dem Ordesa-Canyon. **Fanlo** (32 km) war ein Geisterdorf, ehe man hier erst kürzlich ein Naturparkbüro einrichtete. In **Nerin** dagegen können Sie sich wenigstens etwas zu trinken kaufen (39 km). Hinter Nerin führt die auf einem kurzen Abschnitt nicht asphaltierte HU631 durch die immer tiefer werdende Schlucht des Flusses Aso bis zu seinem Zusammenfluß mit dem Añisclo (47 km; Wanderung 21; Foto auf Seite 110). Auch wenn Sie Wanderung 21 nicht machen, bekommen Sie dennoch einen Teil des großartigen Canyons zu Gesicht, während Sie entlang des Desfiladero de Vellos* zur Hauptstraße HU640 in Escalona fahren (58 km).

Nachdem Sie auf die HU640 stoßen, fahren Sie nach Norden Richtung Bielsa und folgen in **Hospital de Tella** (66 km) links der Ausschilderung nach Tella. Nach etwa 2 km verzweigt sich die Straße. Nehmen Sie zuerst die obere, rechte Straße nach **Tella** hinein (69 km) und besichtigen Sie die Einsiedelei von Juanipablo und die Kirche Virgen de la Peña. Fahren Sie dann auf demselben Weg zurück und nehmen Sie diesmal die untere Straße zu dem verlassenen Dorf **Revilla** (75 km). Das letzte Stück verläuft auf einem guten Fahrweg, der sich auf einem Sims am überwältigenden Yaga-Canyon entlangschlängelt. Man kann vom Dorf aus (beschildert) auch eine leichte, insgesamt zweistündige Wanderung zu einem Aussichtspunkt machen.

Fahren Sie dann auf die HU640 zurück und weiter zu dem Grenz- und Einkaufsort **Bielsa★** (92 km; M). Vom Marktplatz folgen Sie dann der Ausschilderung »Parador Nacional Monte Perdido« ins herrliche Pineta-Tal (Foto auf Seite 106-107; Wanderung 20). Einsam steht der Parador (115 km) am Ende der Straße zu Füßen des Circo de Pineta. Dieses Felsenhalbrund braucht den Vergleich mit den berühmten französischen Cirques von Gavarnie und Troumouse nicht zu scheuen.

Fahren Sie durch **Bielsa** und **Escalona** zurück. Von Escalona fahren Sie auf der Hauptstraße nach **Ainsa** weiter (154 km). Hier geht es rechts auf die C138 nach **Boltaña** und **Broto**. Die Straße schlängelt sich durch ein ebenes Flußtal mit bizarren kammartigen Felsformationen (Foto auf Seite 33) und durch traurige Geisterstädte nach **Torla** zurück (194 km).

*Zum Zeitpunkt der Drucklegung erfuhren wir, daß die Straße durch den Desfiladero de Vellos in eine Einbahnstraße verwandelt wurde (von Osten nach Westen). Eventuell muß man eine neue Straße nehmen, die von Westen nach Osten verläuft, hoch oberhalb der Schlucht.

10 DAS BÄRENTAL

Jaca • Puente la Reina de Jaca • (Hecho • Selva de Oza) • Ansó • Col Belagua • Arette-la-Pierre-St-Martin • Aspe-Tal • (Lescun) • Candanchú • Jaca

158 km; knapp 5 Std. Fahrzeit

Am Wege: Picknick 10 (siehe Seite 8-11); Wanderung 23

Auf dieser Tour fährt man stets auf gut asphaltierten Straßen — sogar im Hochgebirge.

Personalausweis nicht vergessen!

Die meisten der noch in den Pyrenäen lebenden Braunbären sollen sich in den Tälern aufhalten, durch die man auf dieser Fahrt kommt. Mehr Abgeschiedenheit ist ihnen nicht vergönnt — und leider sind die Bären auch hier vom Aussterben bedroht.

Verlassen Sie **Jaca** (✝▲▲▲Δ✕⛽WC) mit seinen ausgefallenen Gebäuden, geschäftigen Einkaufsstraßen und den fast ständig am Himmel kreisenden Geiern auf der N240, der Hauptstraße nach Pamplona. Alsbald gelangen Sie auf die Wind und Wetter ausgesetzten Ebenen des Río Aragón. Nach 10 km kommen Sie an Schildern vorbei, die nach Santa Cruz de la Serós und zum berühmten Bergkloster San Juán de la Peña (✝) weisen. Nach 19 km fahren Sie in **Puente de la Reina** (▲▲✕⛽) nach rechts über die Brücke und folgen der Ausschilderung nach Hecho.

Eine schmale, aber gut asphaltierte Straße führt nun durch offenes Weideland auf die vor uns liegenden Wälder und Berge zu. Etwa 1 km vor **Hecho** (42 km ▲▲▲✕) biegen Sie links nach Ansó ab. (Wenn Sie jedoch mehr von diesem schönen Tal sehen wollen, dann fahren Sie geradeaus durch Hecho und von dort weiter nach Siresa mit seinem Kloster aus dem 9. Jh. (✝). Es geht durch eine schluchtartige Landschaft zu dem beliebten Freizeitgelände Selva de Oza. In diesen wunderschönen Wald (Selva) führt auch Picknickausflug 10.

Die Haupttour führt auf der gut befahrbaren und schönen Straße in sanfter Berg- und Talfahrt von Hecho nach **Ansó** (52 km ✝▲▲✕). Lassen Sie die gepflasterten Gassen und Holzbalkone von Ansó hinter sich und fahren Sie rechts am Fluß entlang nach Zuriza weiter. Je tiefer Sie in die Kiefern-, Fichten- und Eichenwälder eindringen, desto wunderbarer wird die Umgebung. Das Tal wird immer enger, die Berge werden höher, und angeblich wird die Bevölkerung eigenwilliger. Häufig tragen die Menschen noch ihre althergebrachte Tracht. Eine gewissermaßen landestypische Tracht, die den Autoren auffiel, trug ein Bauer, der ein Tierfell gegen die Kälte über die Schultern geworfen hatte.

Während man sich dem Langlauf-Wintersportort **Zuriza** nähert (66 km ▲▲▲✕), öffnet sich die schluchtartige Landschaft zu einer weiten Talsenke. Biegen Sie kurz vor dem Dorf links ab. Steil geht es am offenen Hang entlang zu einem Paß hinauf (📷), an dem Sie Aragón verlassen und nach Navarra hineinfahren.

Blick von Lescun nach Südwesten. Irgendwo in diesen Wäldern kommen noch Braunbären vor.

Die Straße führt nun in Richtung Isaba hinunter. Sie stoßen auf die C137 (78 km), der Sie nicht links nach Isaba, sondern nach rechts zum **Col Belagua** (📷) und zur französischen Grenze folgen.

Hinter der Grenze (102 km) kommen Sie in eine merkwürdige Karstlandschaft, die an der Oberfläche seltsam erodiert und im Berginnern von einem Höhlensystem durchzogen ist. (Die Höhlen von Pierre-St-Martin wurden 1952 entdeckt und zählen zu den tiefsten der Welt. Am Eingang knapp auf spanischer Seite steht ein Denkmal für den Speläologen Marcel Loubens, der in den Höhlen starb).

Verlassen Sie den Wintersportort **Arette-la-Pierre-St-Martin** (🏨🏠✕) auf der D432 (Ausschilderung »Arette«). Biegen Sie nach 6 km (108 km) rechts zum **Col de Bouezou** (114 km) ab. Nach einer Fahrt durch Buchenhochwälder erreichen Sie das hübsche Dorf **Lées-Athas** mit seinen Steinhäusern (122 km). Etwa 3 km hinter Lées-Athas stoßen Sie auf die N134 (die Hauptstraße des Vallée d'Aspe) und folgen ihr nach rechts auf die spanische Grenze zu. Nach 2 km können Sie eine Rechtsabzweigung in das malerische, nur 5,5 km entfernte Lescun nehmen. Dieser kleine Abstecher führt in die oben abgebildete Landschaft (Gebiet von Wanderung 23).

In **Urdós** (127 km 🏨✕), einem Dorf, das eigentlich noch 14 km vor der Grenze liegt, gehen Sie dann durch den Zoll. Danach fahren Sie teilweise durch Nationalparkgebiet, überqueren die eigentliche Grenze und erreichen schließlich den modernen Wintersportort **Candanchú** (🏨✕). 9 km unterhalb von Candanchú gelangen Sie zur Eisenbahnendstation **Canfranc** (135 km). Durch das Tal geht es dann nach **Jaca** zurück (158 km).

11 ZWISCHEN KALKSTEIN UND LEGENDEN

St-Jean-Pied-de-Port • Col Burdincurutcheta • Col d'Orgambidesca • Larrau • Ste-Engrâce • Arette-la-Pierre-St-Martin • Isaba • Ochagavia • (Pamplona) • Burguete • Roncesvalles • Puerto de Ibañeta • St-Jean-Pied-de-Port

189 km; etwa 5 Std. Fahrzeit

Am Wege: Picknick 11 (siehe Seite 8-11); Wanderung 24 und 25

Dies wird ein langer Tag! Zuerst fahren Sie durch die Schluchten und faszinierenden Kalksteinlandschaften der Pic d'Anie-Region, dann haben Sie die Möglichkeit, einen Abstecher nach Pamplona zu machen, bevor Sie schließlich über den Ibañeta-Paß wieder nach Frankreich zurückkehren. Dieses Paßgebiet ist Schauplatz des berühmten Rolandliedes.

Personalausweis nicht vergessen!

Diese Tour bietet etwas Abwechslung zu den hohen Gipfeln der mittleren Pyrenäen. Sie führt durch sanftgewelltes, grünes Hügelland mit verstreuten weißgekalkten Häusern und ansehnlichen Bauernhöfen. Zum Glück sind die Straßen viel besser zu bewältigen als die baskische Sprache

Fahren Sie von dem schönen alten Marktort **St-Jean-Pied-de-Port** (ΔWC; bester Ausgangspunkt zu Wanderung 24) nach **St-Jean-le-Vieux** (4,5 km). Verlassen Sie hier die Hauptstraße und biegen Sie rechts auf die D18 (Ausschilderung »Station de Ski d'Iraty«).

Hinter **Lecumberry** und **Mendive** (11 km) steigt die Straße steil zum **Col Burdincurutcheta** an (1135 m; 24 km). Von hier oben sehen Sie den vor Ihnen liegenden großen Iraty-Wald. Fahren Sie dann zu einem kleinen See hinunter und am Campingplatz Iraty (Δ) vorbei sogleich wieder bergauf zum **Col d'Orgambidesca** (1319 m; 33,5 km). Über diesen Paß verläuft eine der wichtigsten Zugvogelrouten Europas, und folglich ist er auch Schauplatz bitterster Auseinandersetzungen zwischen Naturschützern und Vogeljägern.

Über eine Reihe von Haarnadelkurven geht es steil bergab nach **Larrau** (46,5 km). Für alle Autofahrer, die durch die Port de Larrau nach Spanien möchten, steht hier ein Zollposten. Sie fahren auf der D26 in nordöstlicher Richtung entlang des Flusses (Gave) de Larrau weiter nach **Logibar** (; Abstecher nach Crevasses d'Holzarte möglich). Biegen Sie hinter Logibar rechts auf die D113 (55 km). Dann fahren Sie über die **Gorges de Kakouéta** und **Ste-Engrâce** (66 km) steil bergauf, bis Sie auf die D432 stoßen. Hier fahren Sie nach rechts zum Wintersportort **Arette-la-Pierre-St-Martin** (76 km). Nun befinden Sie sich inmitten einer der außergewöhnlichsten Kalksteinlandschaften der Welt mit ihren Zinnen und Graten, Falten und Spalten aus Stein.

Fahren Sie dann auf der Grenzstraße C137 weiter. Unmittelbar hinter der Grenze liegt der heute gesperrte Eingang zum **Gouffre Pierre-St-Martin.** In dieser Höhle kam der Speläologe Marcel Loubens auf einer der frühen Erkundungstouren ums Leben; damals war dies die tiefste bekannte Höhle der Welt. Die Fahrt nach **Isaba** hinunter ist unglaublich schön (103 km). (Autotour 10 folgt diesem Streckenabschnitt in umgekehrter Richtung).

In Isaba nehmen Sie die Abzweigung nach **Uztarroz** und **Ochagavia**; es geht durch dicht bewaldetes Gebiet. Auch die baskische Architektur rückt jetzt häufiger ins Blickfeld: Die großen quadratischen Dorf- und Bauernhäuser sind alle makellos weißgekalkt, die Dächer mit Schieferplatten oder Ziegeln gedeckt. In **Escaroz** (124 km) überqueren Sie den Fluß Salazar und biegen rechts ab (Ausschilderung »Burguete«). Wenn Sie etwa 30 km weiter auf die C135 stoßen, dann müssen Sie sich entscheiden: Wollen Sie auf der Haupttour bleiben und rechts nach **Burguete** hineinfahren (156 km) oder nach links einen Abstecher (90 km hin und zurück) nach Pamplona machen? Burguete wurde durch Ernest Hemingways Roman »Fiesta« bekannt.

Von Burguete fahren Sie über Roncesvalles nach St-Jean-Pied-de-Port zurück. **Roncesvalles** (159 km M; Wanderung 25) hat eine faszinierende Geschichte und unverwechselbare Kollegiatsgebäude. Die Straße steigt kurz danach zum 1062 m hohen **Puerto de Ibañeta** an (Picknick 11; Wanderung 25; Foto unten). Hier hat vermutlich das Massaker unter der Nachhut Karls des Großen stattgefunden, mit dem sich die Basken für die Eroberung und Plünderung Pamplonas rächten. Die einzige Erklärung für das Denkmal am Paß (Foto auf Seite 118) ist die ungenaue Wiedergabe der Schlacht im Rolandlied. Über diesen Paß führt gleichzeitig auch die berühmte Pilgerstraße nach Santiago de Compostela.

Die Straße führt dann zunächst nach **Valcarlos** hinab und noch 3 km zum Grenzübergang in **Arnéguy** hinunter, ehe es nach **St-Jean-Pied-de-Port** zurückgeht (189 km).

Blick vom Puerto de Ibañeta nach Norden

12 IM BASKENLAND

San Sebastián • Hernani • Goizueta • Santesteban • Elizondo • St-Etienne-de-Baïgorry • Bidarray • Pas de Roland • Aïnhoa • La Rhune • St-Jean-de-Luz

205 km; etwa 4 Std. Fahrzeit; Ausfahrt 7 der Autobahn A8 bei San Sebastián

Am Wege: Picknick 12 (siehe Seite 8-11); Wanderung 26, 27, 28, 29, 30

Diese Ganztagestour beginnt und endet auf der Küstenautobahn, ist deshalb leicht zugänglich und führt diesseits und jenseits der Grenze in wilde Landschaften.

Personalausweis nicht vergessen!

Obwohl das Baskenland an die dichtbesiedelten Ferienorte an der Atlantikküste grenzt, führt diese Tour schnell und unkompliziert in ein Gebiet, das die meisten Touristen nie zu Gesicht bekommen. Das Fahren ist nicht anstrengend und die Strecke ist gut ausgeschildert. Man sollte genügend Zeit mitbringen, um mit der Bahn auf das bekannte Wahrzeichen La Rhune hinaufzufahren — oder noch besser zu Fuß aufsteigen!!

Bei **San Sebastián★** (✝▮⛰▲✕⛽⊕MWC) verlassen Sie die spanische Küstenautobahn über Ausfahrt 7 und folgen den Schildern nach **Hernani** (⛽ — hier auftanken!). Direkt vor Hernani biegen Sie links auf die SS415 (10 km), die nach Goizueta und Fagollaga ausgeschildert ist. In **Ereñozu** lassen Sie die unansehnlichen Industriegebiete hinter sich; es kommt dann lediglich noch die berühmte Brauerei El León in Pagoaga. Die Straße steigt nun steil durch dichtbewaldete Berge nach **Goizueta** an (35 km). Kurz vor der Verzweigung am Hotel Basa Kabi (50 km ⛰) gelangen Sie auf eine weite Hochebene und biegen nach links ab (Ausschilderung »Santesteban«).

Die Gegend hat jetzt einen ländlicheren Charakter, da hier ebenso wie jenseits der französischen Grenze die Bäume zugunsten der Landwirtschaft gefällt wurden. Entlang des Flusses Ezkurra (an einer Stelle geht es durch eine Schlucht) fahren Sie nun nach **Santesteban** hinab (74 km ⛰✕). Hier geht es rechts auf der N121A Richtung Pamplona weiter. Nach 4 km biegen Sie links auf die N121 nach **Irurita** (⛽ in der Nähe). In Irurita müssen Sie wieder links abbiegen, diesmal nach **Elizondo** (88 km ⛽). Etwa 3 km hinter Elizondo fahren Sie rechts nach Errazu ab. Danach geht es steil bergauf Richtung Col d'Ispéguy und zur Grenze. Die Straße durchquert eine wilde Moor- und Felslandschaft und führt am **Col d'Ispéguy** über den Iparla-Rücken, ein berühmtes Wahrzeichen des Baskenlandes (Wanderung 26; Foto auf Seite 9). Von diesem ruhigen Grenzposten mit seinen paar Einkaufsläden fahren Sie nach **St-Etienne-de-Baïgorry** hinab (112 km ⛰▲✕⛽).

Folgen Sie der D948 nach links. Nach 8 km ist **Eyharce** erreicht, wo Sie links auf die D918 nach **Bidarray** biegen (126 km ⛰✕; Foto gegenüber). (Es besteht folgende Alternative: 3 km hinter St-Etienne-de-Baïgorry können Sie links ein schmales Asphaltsträßchen hinabfahren, das nach »La Bastide« beschildert ist, und den grünen Pfeilen bis Bidarray folgen; es

Bidarray

bieten sich schöne Ausblicke auf den Iparla-Rücken).

Von Bidarray folgen Sie der Hauptstraße 12 km nach **Itxassou** (▲▲✕), biegen nach links in das Dorf ab und folgen hier den Schildern zum **Pas de Roland★**. Dabei handelt es sich um eine merkwürdige Felsformation in einer Schlucht. Der Legende nach wurde diese Bresche von Rolands Pferd geschlagen (siehe die Anmerkungen zu Wanderung 24 und 25).

Auf der D249 fahren Sie von Itxassou nach **Espelette** (▲▲✕), wo Sie links auf die D918 Richtung Aïnhoa biegen. Nach 1 km (unmittelbar vorher ⛽) fahren Sie links nach **Aïnhoa** hinein (150 km ▲✕). Fahren Sie von hier zum Grenzposten in Dancharia, biegen Sie dort nach rechts und fahren Sie am Fluß Nivelle entlang. Es geht nun immer noch auf der französischen Seite der Grenze durch einen alten Eichenwald (Picknick 12) nach **Sare**. Zwischen Sare und **Ascain** können Sie mit der Zahnradbahn auf den Gipfel **La Rhune★** fahren (Larroun; 900 m; Foto Seite 130). Er ist der höchste Berg in diesem Gebiet und bietet eine gute Aussicht ins Landesinnere und entlang der Küste. Der Legende nach versammelten sich auf seinem Gipfel früher die Hexen. Von Ascain kann man auch einen kleinen Abstecher nach Südwesten zum Col d'Ibardin unternehmen. In diesem »Klein-Andorra« kann man einen Einkaufsbummel machen oder sich die Beine vertreten (Fotos auf Seite 128, 129). Biegen Sie dazu links auf die D4 nach Herboure und fahren Sie von dort auf der D404 nach Süden. Eine Kurzversion von Wanderung 28 ist unter »Anfahrt« auf Seite 129 beschrieben; siehe Seite 130 für Wanderung 29. Wenn Sie schließlich in **St-Jean-de-Luz★** ankommen (176 km; ▲▲△✕⛽WC), können Sie wieder auf die Autobahn A63 fahren.

Nach Rückkehr zur Autobahneinfahrt 7 auf der spanischen Seite der Grenze kommt man auf eine Gesamtlänge der Rundfahrt von 205 km. (Um zum Ausgangspunkt der Wanderungen 27 und 28 zu gelangen, müssen Sie die Autobahn unmittelbar vor der Zollkontrolle verlassen. Folgen Sie dazu den Wegweisern nach Hendaye und fahren Sie dann nach links unter der Autobahn hindurch auf der D258 nach Biriatou; dieser Ort ist 1,4 km von der Autobahnausfahrt entfernt. Wenn Sie zu den Peñas de Haya (Wanderung 30; Foto Seite 132-133) wollen, nehmen Sie die N1 in Richtung Irún.)

St-Jean-de-Luz

Hinweise zum Natur- und Landschaftsschutz

Erfahrene Wanderer wissen gewöhnlich, wie sie sich im offenen Gelände verhalten müssen; Touristen dagegen, die einfach ihren Spaß haben wollen, können aus Unwissenheit großen Schaden anrichten, Tiere vertreiben und sogar das eigene Leben gefährden. Beherzigen Sie deshalb folgende Punkte:

- **Zünden Sie kein Feuer an** und benutzen Sie Campingkocher. Treten Sie Zigarettenkippen sorgfältig aus.
- **Verängstigen Sie keine Tiere**. Durch Lärm und durch Versuche, sie zu streicheln oder zu fotografieren, können sie eine panikartige Flucht ergreifen und sich dabei eventuell verletzen.
- **Wandern Sie nicht lärmend** durch Bauernhöfe, Siedlungen und Dörfer; **lassen Sie alle Tore und Gatter im vorgefundenen Zustand**. Auch wenn keine Tiere in Sicht sind, erfüllen die Tore doch einen Zweck.
- **Schützen Sie alle Wild- und Nutzpflanzen**. Pflücken Sie keine Wildblumen und reißen Sie keine Setzlinge aus. Auch Obst und alle anderen Feldfrüchte sind unantastbarer Privatbesitz. Holzstöße dürfen nicht geplündert werden.
- **Nehmen Sie Ihren Abfall wieder mit.**
- **Sofern ein Pfad vorhanden ist, weichen Sie nicht von ihm ab**, um Abkürzungen zu machen (z.B. auf Zickzackwegen); dies zerstört nur unnötig Vegetation und beschleunigt die Bodenerosion.
- **Halten Sie sich an die bestehenden Verordnungen**, insbesondere hinsichtlich des »wilden Campings«. Wählen Sie immer eine unauffällige Stelle.
- **Bleiben Sie bei der Suche nach einem »stillen Örtchen« den Bächen und Wasserläufen fern** und benutzen Sie zum Abwasch am Bach keine Spül- oder Waschmittel.
- **Unterstützen Sie** kleine Dorfläden und Künstler, wo Sie nur können.
- ***Achtung:*** In den Pyrenäen sind Gewitter am Nachmittag keine Seltenheit (siehe den Abschnitt »Wetter« gegenüber). Mit Gewittern ist in einer Wind und Wetter ausgesetzten Gebirgsgegend nicht zu spaßen. Informieren Sie sich deshalb über den Wetterbericht und erkundigen Sie sich bei den Einheimischen, bevor Sie in hohe Gebirgslagen aufbrechen. Bei schwülem Wetter empfiehlt es sich stets, frühmorgens aufzubrechen, so daß man schon am frühen Nachmittag wieder aus dem Gebirge zurückkommt.

Das Kirchlein St Miquel an der Örtlichkeit Sa Cot in der Garrotxa (Wanderung 4)

Wandern

In diesem Buch sind Wanderwege über eine Gesamtlänge von mehr als 400 km beschrieben. Dies entspricht der Entfernung quer über die Pyrenäen vom Mittelmeer bis zum Atlantik, was übrigens eine der klassischen Touren für alle ernsthaften Wanderer ist. Doch für keine der hier beschriebenen Wanderungen müssen Sie ein Wanderprofi sein. Im Sommer erfordert keine Tour besondere Spezialkenntnisse, und falls Sie nicht genug durchtrainiert sein sollten, dann kehren Sie einfach an jeder beliebigen Stelle um (für die meisten Strecken sind ohnehin Kurzwandermöglichkeiten angegeben). Aber auch erfahrene und durchtrainierte Wanderer werden mit diesem Buch auf ihre Kosten kommen. Lassen Sie sich durch einige der wildesten Landschaften der Pyrenäen führen, auf alten Pilgerwegen und über Flüchtlingspfade des Zweiten Weltkriegs. Die Autoren haben Berggipfel erklommen (z.B. den Canigou), das Revier von Murmeltier, Geier und Gemse durchwandert und vergaßen dabei nicht die Hauptsehenswürdigkeiten (wie die Brèche de Roland).

An- und Rückfahrt

Bei Streckenwanderungen empfiehlt es sich, das Verkehrsproblem *vor Aufbruch* zu lösen. Wenn man ein Auto hat, läßt man es am **Ziel** stehen und fährt mit öffentlichen Verkehrsmitteln zum **Ausgangspunkt** der Wanderung. Man muß dann nicht in Sorge sein, am Ende des Tages den Bus oder Zug zu verpassen.

Klima und Wetter

Bergwandern ist sehr wetterabhängig. Mancher Wanderweg, der an einem kühlen Sommermorgen zügig und leicht begehbar ist, kann in der Mittagshitze zum Durchhaltetest werden, und am Nachmittag kann er sogar regelrecht gefährlich sein, wenn nämlich schwere Gewitter niedergehen. Eine Tour, die im Spätsommer keinerlei Probleme aufwirft, kann schon im Frühling — und der dauert hier oft bis in den Juni hinein — den Umgang mit Eis- und Schneeausrüstung nötig machen. Mit dem Einsetzen der Herbststürme kann ein solcher Weg auch schlichtweg unpassierbar werden. In den Hochgebirgsregionen der Pyrenäen kann auch mitten im August noch Schnee fallen. Bevor Sie also im Sommer über 2000 m hoch steigen (im Winter über 1000 m), sollten Sie deshalb ***stets*** den Rat der Einheimischen einholen.

Natürlich ist das Klima nicht in allen Regionen gleich. Im allgemeinen herrscht in den Ostpyrenäen und in den spanischen Pyrenäen (Ausnahme: im Baskenland) ein trockeneres mediterranes Klima. Wenn deshalb das Wetter auf der französischen Seite schlecht ist, begeben Sie sich einfach einmal auf die spanische Seite — vielleicht ist es dort besser. Man muß jedoch nicht immer in den Süden, wenn man mehr Sonne haben will. Manchmal genügt es auch schon, auf einen Berg zu steigen: Auf 1800 m sind Sie vielleicht schon über den Wolken.

DURCHSCHNITTSTEMPERATUREN IN GRAD CELSIUS

	März-April	Mai-Juni	Juli-Aug.	Sept.-Okt.
Mittlere Pyrenäen	7,8	17,5	20,8	18,3
Pyrenäen-Roussillon	16,3	23,1	28,1	22,9
Baskenland	14,9	20,1	24,0	21,1

Kleidung und Ausrüstung

Es ist jedermanns persönliche Angelegenheit, seinen eigenen Wanderstil zu finden. Für manche Wanderungen dieses Buches müssen Sie zu Ihrer eigenen Sicherheit jedoch eine gewisse Mindestausrüstung dabeihaben. Die Kleidung muß so flexibel wie möglich sein, und man sollte sich bei zunehmender Wärme bis auf T-Shirt und Shorts ausziehen können und dann gegen Abend oder mit steigender Höhe sich wieder Stück für Stück wärmer anziehen können (denken Sie daran: alle 100 bis 200 Höhenmeter sinkt die Temperatur im Schnitt um 1 Grad Celsius!).

Bei der Wahl der Ausrüstung sind die Jahreszeit und das entsprechende Wetter die wichtigsten Entscheidungskriterien. Beispielsweise ist eines der berühmtesten Wanderziele der Pyrenäen, die Brèche du Roland, am leichtesten im Frühherbst oder im späten Frühling begehbar, wenn der Gletscher noch schneebedeckt ist. Im Hochsommer dagegen wagen es nur wenige, ohne Steigeisen über das blanke Eis zu gehen. Dies ist jedoch eine Ausnahme zur Regel, nach der Sie normalerweise immer mehr mitnehmen müssen, je rauher das Wetter ist.

Weitere Kriterien sind die gesamte Streckenlänge, die zu überwindende Höhendifferenz und das Vorhandensein von »schnellen« Abstiegen (einfache, klare Rückwege in sichere Gefilde). Nachfolgend eine Checkliste, anhand der Sie je nach Einschätzung das Nötige auswählen *können*.

(Kleiner) Rucksack
Gaskocher
Sonnenhut
Warme Mütze
Taschenlampe
Wasserdichte Hose
Survival-Ausrüstung
 (für den Notfall)
Erste-Hilfe-Ausrüstung
Schlafsack oder Isomatte
 (für Berghütten)
Biwisack oder Leichtzelt (für
 die Übernachtung im Freien)
Pullover

Kompaß
Streichhölzer
Sonenbrille und Sonnencreme
Handschuhe
Gamaschen
Wasserdichte Jacke
Großmaßstäbliche Wanderkarte
 (1:25.000 oder 1:50.000)
Proviant und Getränke
Seil
Steigeisen
Eispickel
Anorak mit Reißverschluß
Warme Unterwäsche

Proviant und Getränke

Auf einigen der beschriebenen Touren können Sie unterwegs in Berghütten essen (***in jedem Fall** sollte man aber vorher anrufen, um sicher zu sein, daß sie geöffnet sind — selbst im Sommer*). In den meisten Fällen müssen Sie jedoch selbst Proviant mitnehmen. Nur die Erfahrung zeigt, wieviel man einpacken muß. Denken Sie aber daran, daß Essen die Leistungsfähigkeit erhält, und am Ende eines anstrengenden Tages kann ein zuckerhaltiger Energiestoß genau das Richtige sein!

Noch lebenswichtiger ist ausreichende Flüssigkeitsaufnahme, doch häufig kann man nicht genügend Getränke mitschleppen. Im Hochgebirge kann man unbedenklich aus Bächen trinken, sofern oberhalb des eigenen Standorts keine Ansiedlungen mehr liegen (Gebirgsdörfer sind leider immer noch nicht an Kläranlagen angeschlossen). Schauen Sie auf der Karte nach: Sofern keinerlei bewohntes Gebäude zu finden ist, können Sie unbesorgt aus raschfließenden Bächen trinken. Genießen Sie reines Mineralwasser, das keinen Pfennig kostet!

Wegzeichen, Karten und Schwierigkeitsgrad

Manche Wanderstrecken führen teilweise auf GR-Routen entlang (französisch »Grande Randonnée«, spanisch »Senderos de Gran Recorrido«). Diese GR-Routen sind besonders gekennzeichnet (siehe unten). Andere Wanderwege wiederum sind auf eine völlig andere Art markiert, weil sie zu einem regionalen Wegenetz gehören. Schließlich gibt es noch die überhaupt nicht gekennzeichneten Wanderrouten, bei denen Sie sich ausschließlich auf die Beschreibungen und Karten dieses Buches verlassen müssen.

Wegzeichen der GR-Routen (Grande Randonnée)

Rot-weiße Farbstreifen auf Bäumen, Felsen, Mauern und sogar auf blankem Boden kennzeichnen GR-Routen. Auf schwierigen Wegabschnitten folgen die Farbmarkierungen dichter hintereinander als auf einfachen Strecken, auf denen man kaum Gefahr läuft, sich zu verirren. Falls eine der beschriebenen Wanderungen einer GR-Route folgt, sind diese Wegzeichen maßgeblich. Sollten Sie also auf einem solchen Streckenabschnitt einige Minuten gegangen sein, ohne einen rot-weißen Farbstreifen gesehen zu haben, dann sind Sie wahrscheinlich vom Weg abgekommen. Wichtig bei dieser Zeichensprache ist auch, daß ein X mit einem weißen und einem roten Strich bedeutet: Falscher Weg! Nicht diese Richtung! Ein Querstrich durch die Farbstreifen bedeutet »Umleitung«, und ein Pfeil bei den Streifen heißt »Richtungsänderung«.

Karten

Die Karten dieses Buches sind für alle beschriebenen Touren völlig ausreichend — selbst wenn Sie vier Wochen lang täglich eine Wanderung unternehmen. Außerdem sparen Sie viel Geld, denn Sie müßten ohne dieses Buch fast zwanzig großmaßstäbliche Karten kaufen, um alle Wandergebiete in den Pyrenäen abzudecken. Dennoch wird mancher gern einige gute großmaßstäbliche Karten erwerben wollen, um alle GR-Routen und Übernachtungsmöglichkeiten auf einen Blick zu haben.

Auf der **französischen** Seite sind Wanderer am besten mit den IGN-Karten (1:25.000) sowie den Karten im Maßstab 1:25.000 oder 1:50.000 von Editions Randonnées Pyrénéennes bedient. Auf beiden Kartenwerken sind sowohl Wanderwege als auch Hütten verzeichnet. In **Spanien** bekommt man leicht die Editorial-Alpina-Karten (meist 1:40.000), während die spanischen Generalstabskarten (1:25.000 oder 1:50.000) schwerer erhältlich sind. Editions Randonnées Pyrénéennes und das Institut Cartografic de Catalunya haben sich kürzlich zusammengetan und drei ausgezeichnete grenzüberschreitende Karten veröffentlicht (1:50.000). Sie decken die Gebiete um den Parc Nacional d'Aigües Tortes, um Andorra und um Nuria ab.

Die oben genannten Karten kann man vor Reiseantritt über jede Buchhandlung bestellen oder vor Ort in den Pyrenäen besorgen. Schnell und unkompliziert liefert das Geo Center, Schockenriedstraße 44, 70565 Stuttgart.

Schwierigkeitsgrad

Leicht: Gute Wege, mäßiger Aufstieg, keinerlei Spezialfertigkeiten oder besondere Ausrüstung erforderlich; kann trotzdem relativ lang sein.

Mittel: Unterschiedliche Wegbeschaffenheit; meist ein steiler Auf- oder Abstieg; die Tour kann sehr lang sein.

Schwierig: Kann einige oder alle der folgenden Punkte beinhalten: Klettern über schwieriges Terrain; steile Auf- oder Abstiege; schlechte Wegmarkierung. Entsprechende Ausrüstung ist erforderlich.

Sicherheit und Bergführer

Ebenso wie Autofahren oder das Überqueren einer Straße ist risikofreies Wandern hauptsächlich eine Frage des richtigen Einschätzung einer Situation. Und dieses Urteilsvermögen kann man nicht einfach durch Lesen erwerben; man muß es sich — am besten zusammen mit erfahrenen Wanderern — aneignen. Sollten Sie Anfänger sein, beginnen Sie mit den kürzeren, einfacheren Touren, entwickeln Sie keinen falschen Ehrgeiz und bauen Sie Ihr Können langsam auf.

Es wird immer wieder auf die Gefahren des Alleingangs hingewiesen, aber nur selten auf die Gefahren, denen das langsamste und schwächste Mitglied einer forschen Wandergruppe ausgesetzt ist. Auch wenn die Gruppe sich zu teilen beschließt, um sich dann irgendwo und irgendwann wieder zu treffen, erzeugt dies meist nur Kummer und Verdruß. Also nochmals: Richtige *Selbsteinschätzung* ist das A und O! In der Urlaubszeit werden Sie auf den vielbegangenen Routen als Einzelwanderer kaum Schwierigkeiten haben, Hilfe zu erhalten; in abgelegenen

Gebieten jedoch oder außerhalb der Hauptsaison ist Selbsthilfe die einzige Möglichkeit (und das bedeutet mindestens zwei oder drei Personen pro Gruppe).

Der Syndicat d'initiative (Fremdenverkehrsamt) Ihres Feriengebiets kann Ihnen bei Bedarf auch **Bergführer** vermitteln.

Übernachtungsmöglichkeiten

An manchen unserer Wanderwege liegen **Hütten**, die Erfrischungen, Mahlzeiten und sehr einfache Übernachtungsmöglichkeiten (meist im Gemeinschaftsraum) anbieten. Keine der Wanderungen erfordert eine Übernachtung. Wenn Sie dennoch unterwegs übernachten möchten (beispielsweise im Refugio Góriz auf Wanderung 22 oder in Sarradets auf Wanderung 18), haben Sie natürlich auch mehr Gelegenheit, Abstecher zu machen und die Landschaft geruhsamer zu genießen. Da die Decken zumeist etwas unappetitlich sind, empfiehlt es sich, zumindest einen Leinenschlafsack mitzunehmen. ***In jedem Fall*** *sollte man vorher anrufen, damit man weiß, ob die Hütte geöffnet ist — auch im Hochsommer.* Außerdem sollte man erfragen, ob es genügend Schlafplätze gibt; während der Hochsaison können chaotische Verhältnisse herrschen, wenn die Leute auf dem Boden oder im Flur nächtigen müssen.

Die französischen **Gîtes d'étape** sind eine Klasse besser als die Hütten, aber meist liegen sie nicht auf den Bergen, sondern unten im Tal in einem Dorf oder Weiler. Gîtes sind ein guter Treffpunkt für Wanderer und Kletterer und zugleich preiswerte Quartiere.

Camping ist normalerweise im Hochgebirge kein Problem, aber in manchen Regionen ist es untersagt. In den spanischen Nationalparks Aigües Tortes und Ordesa sind Biwaks nur an den amtlich dafür vorgesehenen Stellen erlaubt; im französischen Parc National des Pyrénées müssen Biwaks mindestens 1 km von der Straße entfernt sein.

Tips zur Verständigung

Die Ortsnamen werden in diesem Buch in der Form wiedergegeben, in der sie Ihnen normalerweise im Land selbst oder auf den Landkarten begegnen (d.h. französische Namen in Frankreich und spanische Namen im größten Teil der spanischen Pyrenäen — mit gelegentlichen baskischen oder katalanischen Ausnahmen). Auf Karten, in Reiseführern und auf Straßenschildern müssen Sie sich auf viele Varianten desselben Namens gefaßt machen! Auf Seite 48 finden Sie ein Ortsverzeichnis.

Falls Sie sich verirren, könnten Sie in die Verlegenheit kommen, nach dem Weg fragen zu müssen. Nachfolgend ist eine Methode beschrieben, mit der Sie nach dem Weg fragen und die Antwort auch verstehen können. Prägen Sie sich zunächst alle Kernfragen und die möglichen Folgefragen ein. **Auf die jeweilige Kernfrage müssen Sie immer eine Folgefrage stellen, so daß Sie entweder »ja« oder »nein« zur Antwort bekommen.** Im folgenden sind die beiden Situationen aufgeführt, in denen Sie höchstwahrscheinlich französisch oder spanisch sprechen müssen. Für die Pünktchen (...) setzen Sie Ihr Wanderziel ein. Einige Grundkenntnisse in französischer und spanischer Aussprache werden vorausgesetzt, aber es empfiehlt sich, die Einheimischen nach der genauen Aussprache der Ortsnamen zu fragen.

Nach dem Weg fragen

Deutsch	*Französisch*	*Spanisch*
Guten Tag.	Bonjour.	Buenos días.
Ich habe mich verirrt.	Je suis perdu.	Me he extraviado.
Bitte —	S'il vous plaît —	Por favor —
Wo ist	Où se trouve	Dónde está
die Straße nach ... ?	la route de ... ?	la carretera a ... ?
der Fußweg nach ... ?	le sentier de ... ?	la senda de ... ?
die Bushaltestelle?	l'arrêt d'autocar?	la parada?
der Bahnhof?	la gare?	la estación?

Folgefragen

Ist es hier?	Est-ce (que c'est) ici?	Está aquí?
dort?	là-bas?	allá?
geradeaus?	tout droit?	todo recto?
dahinter?	derrière?	detrás?
nach links?	à gauche?	a la izquierda?
nach rechts?	à droite?	a la derecha?
dort oben? oberhalb?	en haut?	arriba?
dort unten? unterhalb?	en bas?	abajo?
Danke.	Merci.	Gracias.

Bitte an einen Taxifahrer ... Sie zu Ihrem Ziel zu fahren; Sie an einem bestimmten Ort zu einer bestimmten Zeit abzuholen.

Deutsch	*Französisch*	*Spanisch*
Bitte — wurden Sie	S'il vous plaît —	Por favor —
uns nach ... fahren?	Emmenez-nous à ...	Llévanos a ...
Holen Sie uns	Venez nous chercher	Venga buscarnos
bei ... (Ort)	à ...	a ...
um ... (Zeit)*	à ... *	a ... *

**Statt sich die Uhrzeiten zu merken, kann man einfach auf die Armbanduhr zeigen oder die Zeit aufschreiben.*

Ortsnamen und ihre Bedeutung (B: baskisch, P: in den ganzen Pyrenäen gebräuchlich)

ague, aigüe — Wasser (P)
aran — Tal (B)
arri — Stein (B)
barranc, barranco — Schlucht (P)
bide — Pfad (B)
borda — Bauernhaus (B)
borde — Bauernhof (P)
campana — Felsnadel (P)
celhay — Plateau (B)
chipi — klein (B)
col, coll, collado — Paß (P)
cortal — Schäferhütte (P)
coume — enges Tal (P)
cuby — Brücke (B)
estany — Teich, See (P)
étang — Teich (P)
erreka — Bach (B)
etehola — Hütte (B)
farga — alte Schmiede (P)
font — Quelle (P)
gave — Sturzbach (P)
hourguette — steiler Paß (P)
iban — Tal (B)
jasse — ebene Weide (P)
marcadau — Markt (P)
mendi — Berg (B)
orri, orrhy — Steinhütte (P)
pené — Grat, Bergrücken (P)
prat — Wiese (P)
río, riu — Fluß (P)
val — Tal (P)
zubi — Brücke (B)

Vorbereitung der Wanderungen

Die 30 Hauptwanderungen dieses Buches verteilen sich auf die gesamten Pyrenäen (Frankreich, Spanien und Andorra). Ein Auswahlkriterium war die Erreichbarkeit mit öffentlichen Verkehrsmitteln. Dennoch ist in einigen wenigen Fällen ein eigenes Fahrzeug erforderlich (in den mittleren Pyrenäen, wo die meisten Touristen ohnehin motorisiert sind).

Die Ausgangspunkte der neun Wanderungen in den Ostpyrenäen können leicht von der Costa Brava oder der Côte Vermeille erreicht werden. Die sieben Wanderungen in den Westpyrenäen sind für Urlauber in den Ferienorten Biarritz oder San Sebastián besonders gut zugänglich, und die übrigen Wanderungen liegen in der Gipfelregion zwischen Andorra und dem Pic d'Anie. Grundsätzlich sind *alle* Ausgangspunkte zu Wanderungen über das hervorragende Autobahn- und Eisenbahnnetz gut erreichbar.

Suchen Sie sich zunächst anhand der ausklappbaren Übersichtskarte einige Wanderungen in der Nähe Ihres Feriendomizils aus. Lesen Sie dann die Wanderbeschreibungen und schauen Sie sich die entsprechenden großmaßstäblichen Karten an. Jede Wanderung verläuft in die Richtung, welche die schönsten Landschaftseinblicke gewährt und die geringsten Schwierigkeiten bei der Anfahrt verursacht. Vielleicht bevorzugen Sie jedoch nach einem Blick auf die Karte die umgekehrte Richtung. Um einen Eindruck von der Tour zu vermitteln, gibt es zu jeder Wanderung mindestens eine Foto.

Jede Tourenbeschreibung beginnt zunächst mit allgemeinen Planungshinweisen: Länge der Wegstrecke, Schwierigkeitsgrad, An- und Rückfahrt. Achten Sie auch auf Höhenangaben; ein Aufstieg über 1000 Höhenmeter ist für den Durchschnittswanderer kein Pappenstiel. Für bestimmte Orientierungspunkte im Gelände ist die jeweilige Gesamtgehzeit angegeben. Bedenken Sie dabei, daß das Wandertempo individuell verschieden ist... und darüber hinaus auch noch vom Gepäck, den Wetterbedingungen und der Tageszeit abhängt. Als Faustregel kann man auf einem einfachen, ebenerdigen Weg etwa 4 km/Std. rechnen; für je 300 Höhenmeter Aufstieg kommt eine Stunde hinzu. Pausen sind in den Gehzeiten nicht berücksichtigt; einschließlich der Zeiten zum Picknicken, Fotografieren und Beobachten verlängert sich die Gehzeit um etwa ein Drittel.

Auf den Wanderkarten benutzte Symbole:

- Autobahnen und Straßen (wie auf der Autokarte)
- Wege (auf der Autokarte als Doppelstrich)
- Straßen und Wege (*nicht* auf der Autokarte)
- Fußweg
- Hauptwanderung
- Variante
- Schwindelgefahr
- Siedlung
- Gebäude
- Kloster oder Kirche/Schrein
- Turm, Burg, usw.
- Wasserfall, Quelle, Wassertank
- Gipfel
- Gute Aussicht
- Refuge, Gîte
- Landesgrenze; Nationalparkgrenze

1 VILAJUIGA • DOLMEN DE LA VINYA DEL REI • ST PERE DE RODES • SERRA DE L'ESTELA • LLANÇA

Länge: 16 km; 4Std

Schwierigkeitsgrad: Mittel. Aufstieg über 700 Höhenmeter.

Ausrüstung: Wegen stacheliger Vegetation sollte man lange Hosen tragen; robustes Schuhwerk, Trinkwasser, Proviant, Schwimmzeug, ein Kompaß wäre vorteilhaft.

Anfahrt: 🚆 nach Vilajuïga (RENFE-Linie 9020 von Barcelona nach Portbou); nähere Auskunft unter Telefon 934900202;
oder: 🚌 nach Vilajuïga (Ribot Font y Artigas SA SARFA-Linie 2010 von Figueres nach Cadaqués); nähere Auskunft unter Telefon 932651158;
oder 🚗 nach Vilajuïga (Autotour 1; Parkplatz beim Bahnhof in Vilajuïga).

Rückfahrt: 🚆 von Llançà (RENFE-Linie 9020 von Barcelona nach Portbou); nähere Auskunft unter Telefon 934900202

Kurzwanderung: Folgen Sie der Wanderroute von Vilajuïga bis zum Dolmen de la Carena und kehren Sie dann entweder auf demselben Weg oder entlang der Straße zurück (3 Std. hin und zurück; leichter Aufstieg über 200 Höhenmeter).

Diese Wanderung bietet von allem etwas — großartige Landschaft, prähistorische Funde, ein bedeutendes romanisches Kloster, eine Burgruine und zur Abkühlung am Schluß ein Bad im Mittelmeer.

Ausgangspunkt ist der Bahnhof von Vilajuïga. Wenden Sie sich zunächst beim Hostal Xavi (von wo sich ein guter Blick auf Burg Quermanço bietet) rechts auf die Hauptstraße und gehen Sie dann links bis zur Dorfmitte. Auf dem ersten Platz, der Plaça Margineda, steht rechts eine alte Synagoge (falls sie geschlossen sein sollte, können Sie den Schlüssel in der Librería in der Carrer Tancat direkt neben der Plaça Major holen). Gehen Sie weiter zur Plaça Major. Danach weist Sie ein gut sichtbares Schild »St Pere de Rodes« rechts eine Asphaltstraße empor. Etwa 1,25 km hinter dem Dorf gehen Sie an einem winzigen Parkplatz (direkt vor einer Rechtskurve) rechts einen Weg hinauf. Auf einem Wegweiser steht hier »Itinerari Megalitic« (**30Min**).

Vom Buschland unweit des Klosters St Pere de Rodes bietet sich ein schöner Ausblick auf die Küste.

Der Weg ist ab und zu mit gelben Farbzeichen markiert (die örtliche Markierung für Fußwege) und führt zunächst rechts an einem Olivenhain entlang. Dann verläuft er zwischen einem Bachbett und einem weiteren Olivenhain, ehe er nach neun Minuten (**39Min**) für Fahrzeuge unpassierbar wird. Auf einem deutlichen Pfad geht es noch acht Minuten weiter (**47Min**), bis ein anderes Bachbett von links einmündet. Überqueren Sie das normalerweise ausgetrocknete Bachbett, an dem Sie bisher entlanggegangen sind, um auf einen ansteigenden Pfad zu gelangen, der unmittelbar rechts vom soeben eingemündeten Bachbett bleibt. Nach zwei Minuten verzweigt sich der Pfad (**49Min**). Gehen Sie links weiter und durchqueren Sie das neue Bachbett (ein gelbes Farbzeichen dient als Bestätigung). Nach drei Minuten erreichen Sie den ersten Dolmen namens Vinya del Rei (**52Min**). Diese steinerne Grabkammer ist ungefähr 5000 Jahre alt.

Wenn man den ersten Dolmen erst einmal gefunden hat, sind die anderen vier leicht auszumachen. Während man den Kammrücken hinaufsteigt, sieht man sie fast in einer Reihe. Sie erreichen den Dolmen del Garrollar (rechter Hand; **56Min**), dann La Talaia (**1Std**), Les Ruïnes (**1Std01Min**) und schließlich La Carena (**1Std04Min**). Danach geht es weiter bergan, bis Sie auf die Asphaltstraße von Vilajuïga stoßen (**1Std09Min**).

Folgen Sie der Straße 40 Schritte nach rechts bis zu einem Schild »Cova del Llop Caiguts II & I«. Falls man dem Pfad folgt, der in das Gebüsch hinabführt, kann man diese Dolmen besichtigen und ist nach 15 Minuten wieder auf der Straße (**1Std25Min**). Sechs Minuten später (**1Std31Min**) führt rechts ein Pfad zu den Dolmen Vinyes Mortes I und II. Kehren Sie anschließend zur Straße zurück (**1Std41Min**) und gehen Sie zehn Minuten weiter, bis links ein Erdweg abzweigt, der mit grünen Farbstreifen markiert ist.

Folgen Sie dem Weg zu dem verfallenen Gehöft Mas Margall (**1Std53Min**). Nehmen Sie hier die Rechtsabzweigung und steigen Sie oberhalb des Gehöfts an. Nach einer Minute, wo Ihr

Das wunderschöne Kloster St Pere de Rodes ist erstmals im 9. Jh. beurkundet.

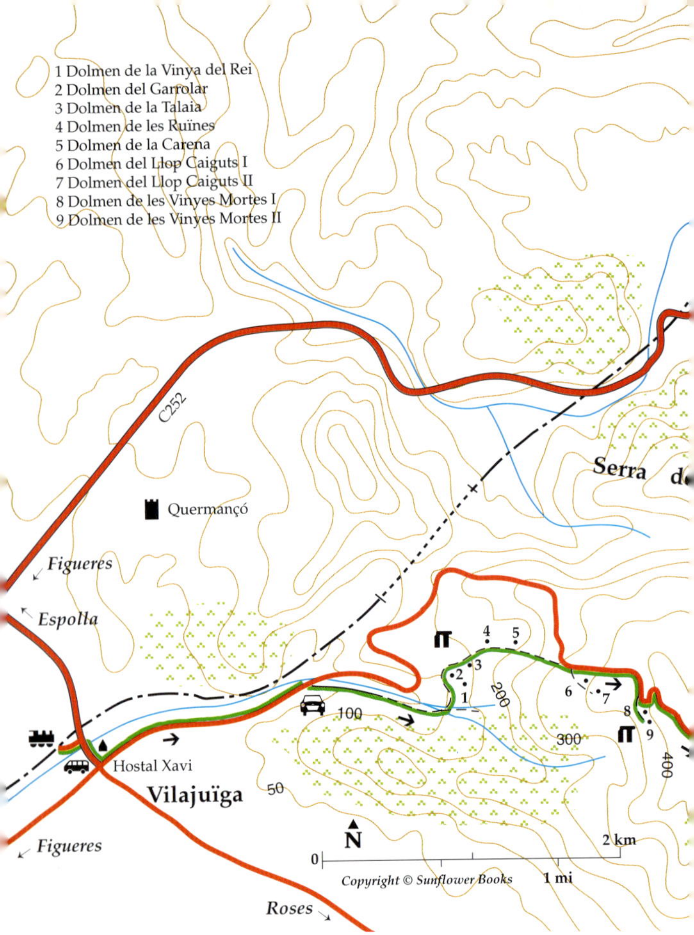

Weg auf einen anderen Weg einmündet, biegen Sie nach links. An der nächsten Verzweigung (neben einem alten Autowrack) nehmen Sie den oberen, rechten Weg und folgen ihm zehn Minuten zur Asphaltstraße. Folgen Sie der Straße nach links. Nach sieben Minuten kommt links ein verfallenes Haus; daneben liegt ein mit rot-weißen Streifen markierter Weg (**2Std11Min**). Diesem Weg, auf dem wir später noch wandern werden, folgt die GR11-Route. Doch zunächst geht es auf der Straße weiter zur Kirchenruine Sta Elena, zum Kloster St Pere de Rodes und zur Burgruine St Salvador de Verdera.

Anschließend kehren Sie zu dem verfallenen Haus zurück (**2Std40Min**) und nehmen die bereits erwähnte GR11; sie beginnt als Fahrweg und ist gut mit rot-weißen Streifen markiert. Zuerst fällt der Weg leicht nach Norden ab, aber etwa acht Minuten später führt er leicht nach rechts in nordöstlicher Richtung. Nach 15 Minuten auf diesem Weg kommt eine verfallene Scheune (**2Std56Min**). Gehen Sie an allen Abzweigungen vorbei noch vier Minuten auf dem Weg weiter

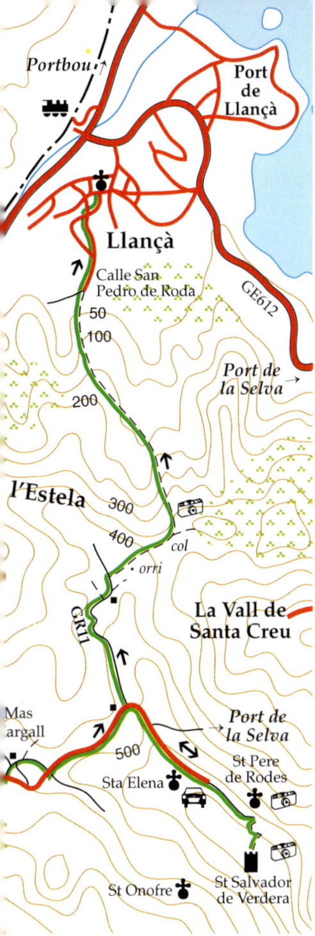

(**3Std**), bis die rot-weißen Streifen Sie unerwartet vom Weg nach rechts auf einen wesentlich schlechter beschaffenen Weg lenken, der über einen Sattel führt. Vom Sattel geht es Richtung Osten auf einem Rükken bergab zu einer Schafhirtenhütte aus Stein (»Orri«). Dann wandern Sie wieder bergauf und anschließend wieder bergab, um sich nach 10 Minuten (**3Std10Min**) erneut in einer Mulde zu befinden. Sie sind nun im Herzen der Serra de l'Estela. Vogelfreunde können hier Rebhühner entdecken.

Lassen Sie den einladenden Pfad unbeachtet, der vor Ihnen ansteigt, und suchen Sie links nach einem Pfad. Der Anfang ist etwas schwer zu finden, da der Pfad an einer überwucherten Erosionsrinne entlangführt. Ungefähr fünf Minuten nach der Mulde kommt ein Aussichtspunkt, der sich als Rastplatz anbietet (**3Std15Min**). Vor Ihnen liegen Llançà mit seiner Kirche und seinen weißen Häusern, die höheren Pyrenäen (Albères), die sich bis zur Grenze erstreckende Küste und... die ganze Häßlichkeit eines Steinbruchs.

Mal neben, mal auf einer breiten Steinmauer geht es den Bergrücken hinab. Nach 10 Minuten jedoch (**3Std25Min**) muß man sich nach rechts von der Mauer entfernen und den rotweißen Streifen folgen. Der Abstieg wird immer flacher und 20 Minuten nach dem Aussichtspunkt erreichen Sie Olivenhaine (**3Std35Min**). Bis zum Ortsrand von Llançà ist die Route gut markiert (**3Std45Min**). Hier kommt eine nicht markierte Verzweigung: Wenden Sie sich rechts in die Calle San Pedro de Roda und gehen Sie bis zur Plaça Major, wo Taxis stehen. Wenn man baden möchte, geht man zum Meer hinab. Falls Sie den Zug erreichen wollen, laufen Sie von der Plaça Major Richtung Hauptstraße, überqueren die Straße und gelangen zum Bahnhof (**4Std**).

2 CADAQUES • CALA JONCULS • DOLMEN DE LA CREU D'EN COBERTELLA • ROSES

Länge: 20 km; 6Std

Schwierigkeitsgrad: Ziemlich leicht (die Wanderung verläuft zwischen Meereshöhe und 300 m Höhe).

Ausrüstung: Feste Schuhe, Trinkwasser, Proviant, Schwimmzeug

An- und Rückfahrt: 🚌 oder 🚗 nach Roses (Informationen zu den Bussen bei SARFA unter Telefon 932651158). Weiterfahrt mit der ⛴ Fähre vom Hafen in Roses nach Cadaqués. Nähere Auskunft zu den Fahrzeiten und Tarifen sind telefonisch beim Fremdenverkehrsamt in Roses unter 72257331 zu erfahren.

Kurzwanderung: Folgen Sie der Route in beliebiger Länge und kehren Sie auf demselben Weg nach Cadaqués zurück. Fahren Sie dann mit der Fähre nach Roses zurück.

Variante: Die Wanderung kann auch in entgegengesetzter Richtung durchgeführt werden (falls Sie länger in Roses sind, dürfen Sie auf keinen Fall den Dolmen de La Creu d'En Cobertella verpassen). Folgen Sie in Roses der Straße zur »Cala Montjoi« nördlich vom Pier; an der Brücke biegen Sie nach links und folgen den Schildern zur Cala Montjoi.

Salvador Dali lebte in der Nähe von Cadaqués. Ganz zwanglos verbindet sich in diesem Ort die Boheme mit Kultiviertheit. Auf diesem wunderschönen Tagesausflug besteigen Sie im Hafen von Roses die Fähre nach Cadaqués und wandern dann zu Fuß zurück. Unterwegs besteht Gelegenheit zu einer Badepause.

Die Wanderung beginnt in Cadaqués auf dem Passeig, einem kühlen, baumbestandenen Platz in der Nähe der Anlegestelle der Fähre. Folgen Sie der Küstenstraße Richtung Süden (also nach rechts, wenn man aufs Meer blickt); sie heißt zunächst Riba Nemesi Llorens. Dann geht es über die Plaça Dr Pont. Anschließend folgen Sie der Riba Pixot und schließlich der Carrera del Dr Bartumeus. Sie kommen am Hotel Llane Petit vorbei und gelangen schließlich zum Rocamar Hotel.

Beim Rocamar haben Sie die Wahl zwischen drei Wegen.

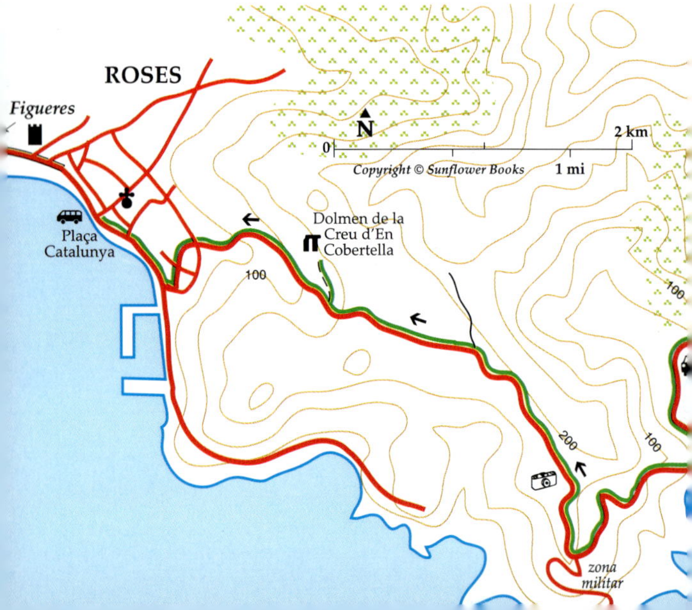

Sie nehmen weder die Straße nach links (aufs Hotelgelände) noch den Fahrweg direkt vor Ihnen. Folgen Sie stattdessen dem Fahrweg nach rechts, der bergauf an einem Haus namens Eliane vorbei ins offene Gelände führt. Dann (**25Min**) verzweigt sich der Weg. Gehen Sie rechts weiter und steigen Sie über felsigen Boden landeinwärts, indem Sie quer über die Halbinsel wandern.

Nach 25 Minuten (**50Min**) geht es an einem einsamen, weißgekalkten Haus mit blauen Fensterläden vorbei und gleich darauf über eine Steinbrücke. Dahinter nehmen Sie an der Verzweigung nicht den verführerischen linken Weg; er führt nur zur örtlichen Mülldeponie. Vielmehr folgen Sie dem Weg, der rechts über Stock und Stein bergaufführt (auf einem Felsen werden in oranger Farbe Appartements an der Cala Jónculs angepriesen). Beim Aufstieg sieht man links in der Ferne kurz den Faro de Cala Nans (Leuchtturm).

Dann (**1Std15Min**) wandern Sie an einem rechts abzweigenden Weg vorbei; er führt zum Puig Panic mit seiner unverkennbaren Radaranlage. Gehen Sie an einem gut eingezäunten Haus vorbei zu einer Verzweigung auf einer Anhöhe hinauf (**1Std40Min**). Nehmen Sie den rechten Weg; der linke endet bei einem Haus. Die Aussicht wird allmählich besser. In der Ferne

ist ein Weg zu sehen, der sich nach Süden schlängelt; dies ist der weitere Wegverlauf nach Roses. Nur wenige Augenblicke später liegt die Cala Jónculs zu unseren Füßen. Der Weg wird nun zusehends schlechter, so daß bald kein Fahrzeug mehr durchkommt (außer einem sehr robusten Jeep), und es geht bergab zu einer Abzweigung nach Roses (**2Std40Min**). Folgen Sie diesem Weg nach links. In 20 Minuten sind Sie am Strand der Cala Jónculs, wo auch ein Hotel steht (**3Std**). Es ist keine leichte Entscheidung, ob man zuerst etwas trinken oder im Meer baden geht.

Anschließend steigen Sie am anderen Ende des Strandes die Steinstufen empor und folgen dann einem Pfad nach links, der nach Südosten führt. Fünf Minuten hinter dem Strand (**3Std 05Min**; keine Pausen eingerechnet) wenden Sie sich nach rechts zum Sattel. Auf dem Sattel angelangt, biegen Sie erneut nach rechts. Der Pfad führt nun zu einem im Sommer ausgetrockneten Bach hinab und steigt dann zum landwärtigen Ende des Cap de Norfeu an. Hier gelangen Sie wieder auf einen Fahrweg (**3Std12Min**). Auf halbem Wege entlang der Halbinsel gehen Sie an der Linksabzweigung eines Weges vorbei (sollten Sie jedoch die Energie aufbringen — er hat einige herrliche Ausblicke zu bieten!) und wandern zur Cala Montjoi hinab (**4Std15Min**), wo es auf einer Asphaltstraße weitergeht. Rufen Sie hier ein Taxi, falls Sie müde sind. Andernfalls laufen Sie noch 1-1/4 Stunden auf der Asphaltstraße nach Roses weiter, vorbei an der Linksabzweigung zur Zona Militar. Auf der rechten Straßenseite steht schließlich ein gut sichtbarer Wegweiser mit Karte, der zum »Dolmen de la Creu d'En Cobertella« weist (**5Std30Min**). Diese Begräbnisstätte liegt nur fünf Minuten von der Straße entfernt und stammmt vermutlich aus der Zeit um 3000 bis 2700 v.Chr.

Kehren Sie anschließend zur Straße zurück und wandern Sie nach Roses hinein (**6Std**).

Oben: Der Dolmen de la Creu d'En Cobertella; unten: Auf dem Weg von Cadaqués nach Roses kommen einladende Meeresbuchten.

3 COLLIOURE • NOTRE DAME DE CONSOLATION • TOUR MADELOC • BANYULS-SUR-MER

Siehe die Fotos auf Seite 10 und 15 **Länge:** 13 km; 5Std15Min

Schwierigkeitsgrad: Gute Wege, jedoch 600 Höhenmeter Aufstieg

Ausrüstung: Feste Schuhe, Proviant, Trinkwasser

Anfahrt: 🚌 (Telefon 0468352902) oder 🚂 (Telefon 0436353535) nach Collioure ;
oder 🚗 (Autotour 1; Parkplatz in Collioure am Hafen)

Rückfahrt: 🚌 oder 🚂 von Banyuls-sur-Mer

Kurzwanderung: Folgen Sie der Hauptwanderung bis zum Hotel/ Restaurant Notre Dame de Consolation und kehren Sie auf demselben Weg zurück (2Std30Min, leichterer Aufstieg über 150 Höhenmeter).

Dies ist eine großartige Höhenwanderung zwischen zwei Ferienorten von künstlerischem Ruhm an der Côte Vermeille. Collioure war einst der Lieblings-Sommertreff einer radikalen Künstlergruppe namens Fauves (»die Wilden«), die wegen ihres lebhaften und gefühlsbetonten Umgangs mit Farbe und Formen zu diesem Namen kam. Zu den bekanntesten Mitgliedern zählten Matisse, Derain, Vlaminck und Rouault. Banyuls-sur-Mer ist Geburtsort und langjährige Heimat des weltberühmten Bildhauers Aristide Maillol.

Ausgangspunkt ist der Hafen von Collioure. Folgen Sie der rue Republic zur Hauptstraße empor. Geradeaus am Horizont erblicken Sie den auffälligen Sendemast auf der Tour Madeloc, dem höchsten Punkt der Wanderung. Überqueren Sie die Hauptstraße und gehen Sie in die fast gegenüberliegende rue du Templier. Folgen Sie zunächst der Ausschilderung »Notre Dame de Consolation« und später den blau-weißen Wegzeichen.

Gehen Sie auf dieser Straße an allen Abzweigungen vorbei, bis eine Verzweigung kommt (**15Min**). Folgen Sie hier der schmalen Straße nach links. Sie steigt allmählich durch Weinberge zur Überführung der Umfahrungsstraße an. Gehen Sie unter der Überführung hindurch, überqueren Sie eine Asphaltstraße (nur für Baufahrzeuge) und folgen Sie der Straße rechts am Bach entlang. Biegen Sie dann (**40Min**) rechts auf einen auffällig mit Backsteinen gepflasterten alten Pilgerweg ab, der deutlich mit blau-weißen Zeichen und einem Schild »ND de Consolation« gekennzeichnet ist. Er ist für Fahrzeuge praktisch unpassierbar und steigt zehn Minuten steil an (**50Min**), ehe er sich asphaltiert fortsetzt und an einem Schrein vorbeiführt.

Der Weg kommt unterhalb der ehemaligen Kirche Notre Dame de Consolation heraus (**1Std25Min**), die heute als Hotel dient. Dort, wo die Straße eine scharfe 180-Grad-Kurve beschreibt, gehen Sie geradeaus auf dem Pfad weiter, steigen die Stufen empor und wenden sich nach rechts. Die weiterführende Route ist deutlich mit blau-weißen Zeichen markiert und verläuft links von einem verfallenen Gebäude; hier kann man eine Trinkpause machen. Zehn Minuten später (**1Std40Min**) erreichen Sie einen Rücken und wandern nach rechts (Süden) bergab.

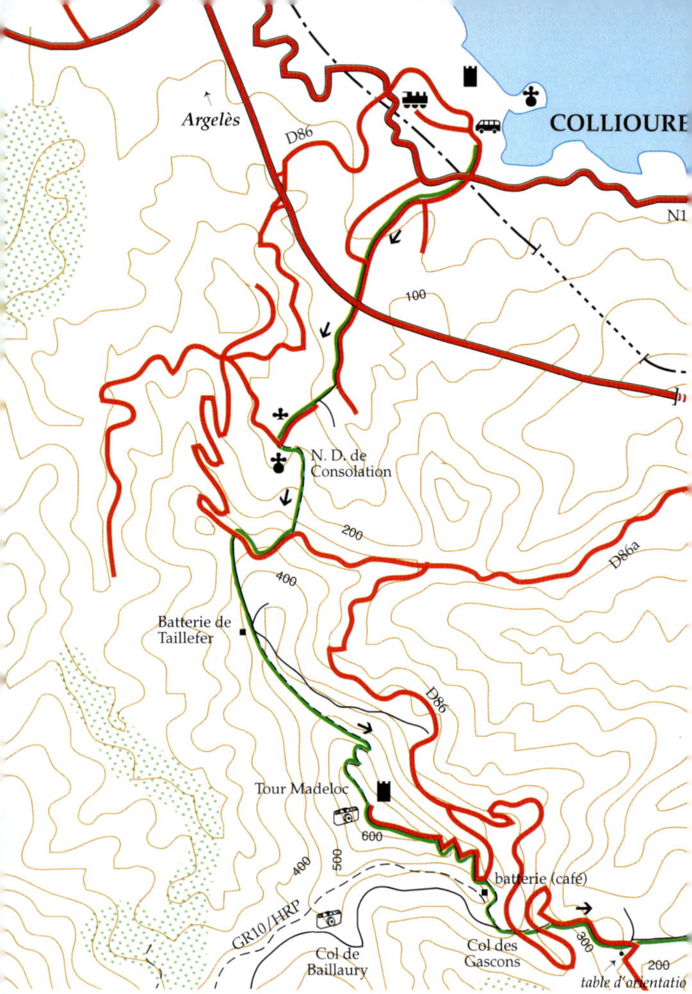

Der gut markierte Pfad verläuft nun durch niedriges, stacheliges Gestrüpp, steigt sanft an und führt schließlich in Kehren zu einer breiten Asphaltstraße empor (**2Std05Min**). Folgen Sie ihr etwa 500 Schritte nach rechts, bis eine langgezogene Kurve mit niedrigen Pollern kommt. Hier folgen Sie dem deutlich blauweiß markierten Weg, der schräg nach links führt.

Steigen Sie zu einem Bergsattel hinauf und den steilen Bergrücken zur Batterie de Taillefer empor, die bald ins Blickfeld rückt und schließlich (**2Std45Min**) erreicht ist. Vier Minuten hinter dieser Batterie mündet der Weg in einen von links heraufkommenden Weg. Verlassen Sie gleich nach der Einmündung diesen Fahrweg und nehmen Sie den Pfad nach rechts; er ist in gutem Zustand und steigt allmählich an.

Dann (**3Std10Min**) rückt die Tour Madeloc ins Blickfeld, und der Pfad führt in einigen scharfen Kehren hinauf (**3Std20Min**). Der Turm wurde von Jaime I. von Mallorca im 13. Jahrhundert

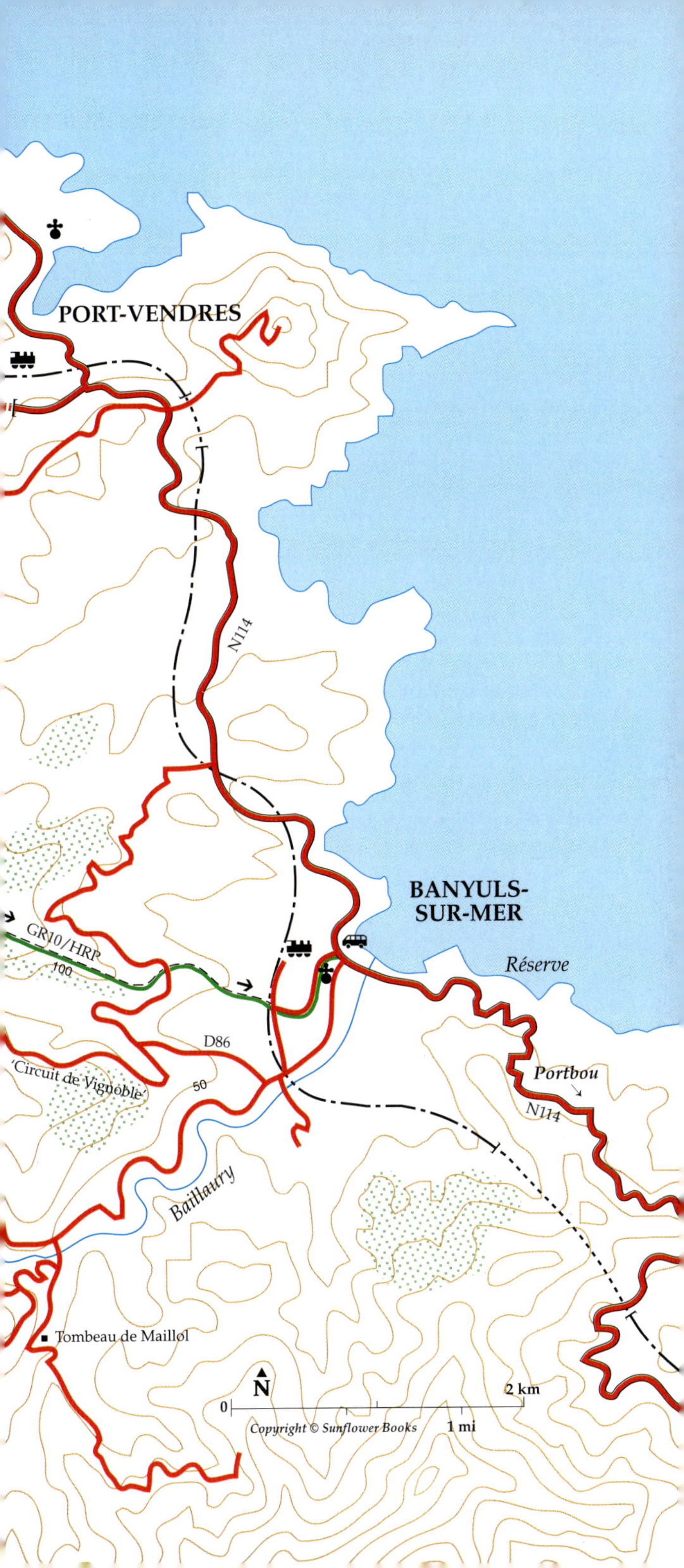

PORT-VENDRES
N114
BANYULS-
SUR-MER
Réserve
GR10/HRP
100
D86
'Circuit de Vignoble'
50
Portbou
N114
Baillaury
Tombeau de Maillol
N
0
2 km
1 mi
Copyright © Sunflower Books

als Teil eines Beobachtungs- und Kommunikationssystems erbaut. Er ist zwar für die Öffentlichkeit nicht zugänglich, aber es bietet sich eine hinreißende Aussicht auf die ganze Côte Vermeille und die Costa Brava. Landeinwärts sind der Col de Banyuls und weiter westlich die Tour de la Massane erkennbar.

Von der Tour Madeloc geht es auf einer schmalen Asphaltstraße zu einer Batterie hinab, die in ein Café umgewandelt wurde (**3Std40Min**; nur im Hochsommer geöffnet). Gleich hinter dem Haupttor folgen Sie dem schmalen blau-weiß markierten Fußweg. Steil geht es nach Banyuls-sur-Mer hinab, das man schon an der Küste sehen kann.

Dann (**3Std45Min**) stoßen Sie auf einen Pfad, der rechts einmündet. Dies ist die berühmte GR10, die hier gemeinsam mit dem anspruchsvolleren Pyrenäen-Höhenweg verläuft. Sie befinden sich auf der letzten Etappe eines abenteuerlichen, insgesamt gut 400 Kilometer langen Weges, der für manche Wanderer bei Hendaye an der Atlantikküste begonnen hat. Folgen Sie nun diesem Pfad mit den rot-weißen Markierungen zur Küste hinunter. Dann (**3Std50Min**) mündet rechts ein ebenfalls rot-weiß markierter Fahrweg ein, und Sie gelangen auf eine Asphaltstraße.

Folgen Sie dieser Straße knapp eine halbe Minute nach rechts und nehmen Sie dann einen deutlichen rot-weiß markierten Pfad nach links, um Haarnadelkurven abzukürzen. Direkt vor einer Table d'orientation (**4Std05Min**) kommen Sie wieder auf die Asphaltstraße. Nach dieser Tafel biegt die Straße in einer Haarnadelkurve nach rechts, aber Sie gehen geradeaus weiter. Von den beiden Feldwegen folgen Sie dabei dem rechten, etwas höhergelegenen Weg. Nun kommen so viele Abzweigungen, daß es unmöglich ist, alle auf der Karte zu verzeichnen oder gar zu beschreiben. Folgen Sie aufmerksam der gut markierten, aber verschlungenen GR-Route bergab. Schließlich (**4Std40Min**) stoßen Sie auf eine Asphaltstraße. Wenden Sie sich nach links und biegen Sie sogleich nach rechts. Bald darauf biegen Sie rechts auf einen unbefestigten Fahrweg, der entlang eines niedrigen Bergrückens verläuft. Dann (**4Std 50Min**) erreichen Sie ein Haus mit einem 2 m hohen Drahtzaun. Hier erblicken Sie den weiteren Verlauf des Pfades zwischen den Weinbergen sowie ein Wegzeichen an einem Baum.

Wandern Sie zur Bahnlinie hinunter und gehen Sie durch die Eisenbahnunterführung hindurch (**5Std**). Sie überqueren eine Hauptstraße und folgen zwischen Mauern einem betonierten Pfad. Schließlich erreichen Sie die Avenue Puig del Mas in Banyuls-sur-Mer (**5Std05Min**). Wenden Sie sich nach links zum Strand. Das Haus unmittelbar vor der Küste ist durch eine Tafel als Geburtshaus des Bildhauers Aristide Maillol ausgewiesen. Sowohl Bushaltestelle als auch Taxistand liegen an der Küste. Man kann auch telefonisch ein Taxi bestellen und währenddessen in einem der Cafés einen Kaffee schlürfen (**5Std15Min**). Falls man Zeit hat, sollte man unbedingt das Musée Maillol und die Grabstätte (»Tombeau«) am Ortsrand besuchen (siehe Karte).

4 FAGEDA D'EN JORDA • VOLCA DE SANTA MARGARIDA • SANTA PAU

Länge: 11 km; 2Std20Min

Schwierigkeitsgrad: Leicht, außer dem recht steilen Aufstieg über 200 Höhenmeter zum Kraterrand.

Ausrüstung: Feste Schuhe, Trinkwasser, Proviant

Anfahrt: 🚌 von Figueres nach Olot (TEISA-Linie 2064); allgemeine Auskünfte unter Telefon 72503175 oder 72673354; weiter mit dem 🚗 Taxi (Telefon 972261566) von Olot zum Parkplatz an der Fageda d'en Jordà;
oder 🚗 zur Fageda d'en Jordà (Autotour 2). Autofahrer sollten vom Ortszentrum Olots (in der Nähe des Museu Comarcal de la Garrotxa) die Avenida Maria Vayreda und die Carretera de Santa Pau nehmen, also der Ausschilderung »Sta Pau/Fageda d'en Jordà« folgen. Nach etwa 4 km kommt links der Parkplatz.

Rückfahrt: 🚌 von Santa Pau (TEISA-Linie Banyoles/Olot über Mieres); Auskunft unter Telefon 72503175 oder 72673354;
oder 🚗 Taxi (Telefon 972261566) von Santa Pau nach Olot.

Variante: Nach Besuch des Kraters Santa Margarida folgt man dem deutlich beschilderten Pfad zum »Volcà Croscat«. Er führt nach Norden den Kegel zur Straße hinab, setzt sich zum Restaurant Santa Margarida fort und verläuft dann um den Volcà Croscat herum, ehe er wieder zum Parkplatz an der Fageda d'en Jordà führt.

***Hinweis:** Meiden Sie diese Gegend freitags, da sie dann stark von Schulklassen frequentiert wird.*

Im Hinterland der Costa Brava liegt die Garrotxa, eines der bedeutendsten Vulkangebiete Europas. Der früheste Ausbruch fand vor etwa 350.000 Jahren statt, der letzte vor 11.500 Jahren. Die Wanderung führt durch die Fageda d'en Jordà, einen ehemals großartigen Buchenwald, in diese seltsame Vulkanlandschaft. Mit ihrem merkwürdigen Licht und ihrer üppigen Vegetation hat sie schon lange Künstler wie Joaquim Vayreda inspiriert, einen Mitbegründer der Olot-Schule.

Ausgangspunkt ist der Parkplatz an der Fageda d'en Jordà. Überqueren Sie die Straße und folgen Sie einem deutlichen Pfad in den Wald. Im Sommer wird man für den Schatten dieser herrlichen Bäume dankbar sein. Sie erreichen einen Wegweiser (**2Min**) und folgen Rundwanderung 1 bis zum »Volcà Sta Margarida«.

Den Schildern folgend, schlängeln Sie sich durch den Wald. Dann (**16Min**) stoßen Sie auf eine Asphaltstraße, der Sie nach rechts folgen. Nach zwei Minuten (**18Min**) schließen Sie sich den rot-weißen Farbstreifen des GR2-Wanderweges an. Bald ver-

Blick vom Rand des Kraters Santa Margarida auf die Kapelle (Ermita)

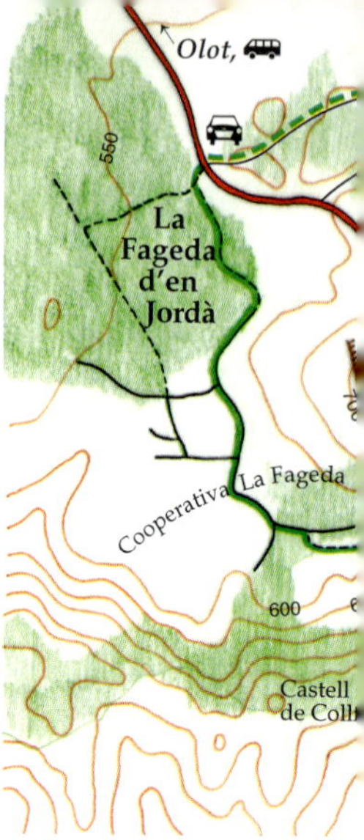

schlechtert sich die Straße und verzweigt sich. Wenden Sie sich nach links zur Cooperativa La Fageda und gehen Sie hindurch, um das wunderschöne alte, aus Steinen errichtete Bauernhaus anzusteuern, das unten abgebildet ist.

Am Bauernhaus (**28Min**) führen Sie die Wegzeichen auf einen Weg, der nach links (Osten) führt; das Bauernhaus bleibt direkt rechts liegen. Nach einer Minute durchschreiten Sie ein Tor, wenden sich sogleich nach rechts und steigen einen Erdweg zu einem Pfad empor. Es geht stetig durch Schlamm und über steile Felsen und zuletzt durch einen Erosionsgraben zwischen den Feldern, ehe Sie eine Bergkuppe mit Aussicht auf das Kirchlein Sant Miquel an der Örtlichkeit Sa Cot erreichen (**40Min**). Dahinter liegt der baumbestandene Vulkankegel Santa Margarida.

Wandern Sie auf einem weißen Schotterweg zu dem auf Seite 42 abgebildeten Kirchlein hinunter, und folgen Sie dort dem Schild mit der Aufschrift »Volcà Sta Margarida«. Der Pfad führt rechts an dem Kirchlein vorbei. Nehmen Sie sogleich einen holprigen Weg, der steil nach rechts bergabführt. Am Hangfuß stoßen Sie wieder auf einen Fahrweg (**45Min**), folgen ihm nach rechts und erreichen alsbald eine Verzweigung, an der Sie nach rechts biegen und an einem Schrein vorbeikommen. Nach zwei Minuten kommt eine größere Wegkreuzung. Lassen Sie die rechts und links abgehenden Wege unbeachtet und nehmen Sie von den beiden vor Ihnen liegenden Wegen den linken Weg. Der Eindruck, er würde öfters für Motorradgeländefahrten hergenommen, täuscht keineswegs.

Am Ende dieses Anstiegs (**50Min**) überqueren Sie einen guten Weg und gehen auf einem schmaleren Weg in dieselbe Richtung weiter. Spätestens wenn Sie an einer 3 m hohen »Felsklippe« aus erodierter Schlacke vorbeikommen, wissen Sie, daß Sie nun den Vulkankegel Santa

Steinhaus nahe der Cooperativa La Fageda (nach etwa 50 Minuten Gesamtgehzeit)

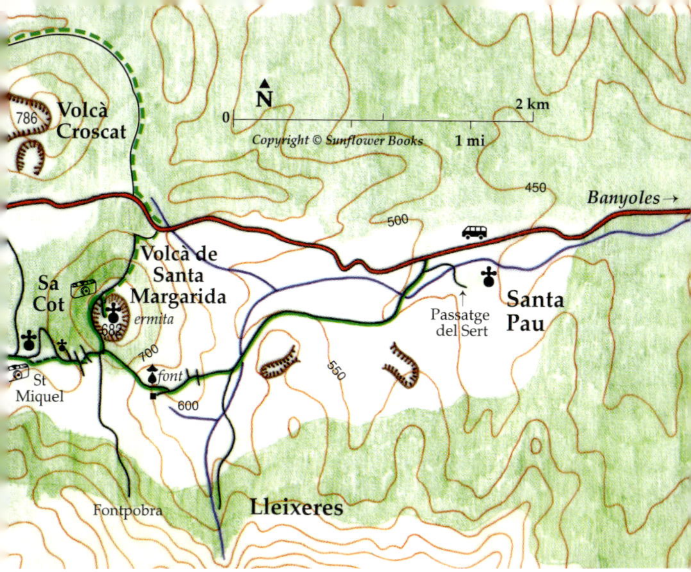

Margarida besteigen. Folgen Sie dann (**57Min**) den Schildern mit der Aufschrift »S. Margarida 15min, S. Pau 30min«. Nach einer Minute weist Sie ein Schild nach links zum Vulkankegel Santa Margarida. Ein Zickzackpfad führt Sie durch den dichten Wald zum Kraterrand, von dem Sie auf einem Pfad zur Kapelle (Ermita) hinabsteigen können (Foto Seite 61). Keine Angst, die letzte Eruption liegt 11.500 Jahren zurück. (Andererseits haben Experten ausgerechnet, daß der Vulkan alle 10.000 Jahre ausbricht!)

Steigen Sie nach diesem Abstecher auf demselben Weg wieder zum Kraterrand empor. Gehen Sie dann den Zickzackpfad bis zur 1Std23Min-Stelle des Hinwegs hinunter (**1Std 30Min**). Biegen Sie nun nach links. (Mit anderen Worten: Sie wandern auf dem ursprünglichen Weg weiter, den Sie für den Abstecher zum Vulkankrater verlassen hatten). Es geht auf dem Fahrweg bergab. Nach fünf Minuten führt er links an einem Bauernhaus vorbei. Dann stoßen Sie auf einen Weg, wo Sie ein Schild (»Santa Pau«) nach links weist. Man braucht noch weitere 40 Minuten auf der sehr gut beschilderten Strecke bis zur Plaça Major im mittelalterlichen Santa Pau (**2Std20Min**). An der anschließenden Plaçeta dels Balls steht die willkommene Restaurantbar Cal Sasere. Hier kann man telefonisch ein Taxi bestellen (Olot 972261566).

Falls man nach der Rückkunft in Olot noch Zeit hat, lohnt sich ein Besuch der Casal dels Volcans, wo die Geologie dieses Gebiets erläutert wird, und des Museu Comarcal, das die Werke zahlreicher Künstler ausstellt, die von dieser Landschaft inspiriert wurden.

5 PONT D'EN VALENTI • SANT ANIOL D'AGUJA • TALAIXA • PONT D'EN VALENTI

Länge: 9 km; 3Std

Schwierigkeitsgrad: Mittelschwer. Aufstieg über etwa 500 Höhenmeter; einige rutschige Abschnitte und Flußüberquerungen.

Ausrüstung: Keine besonderen Anforderungen, aber man muß mit nassen Füßen rechnen.

An- und Rückfahrt: 🚘 Man folgt Autotour 2 und nimmt direkt vor Castellfollit de la Roca die Straße GIP5233 nach Montagut und Sadernes. Am Ende der Asphaltstraße folgt man einem guten Feldweg. Nach 500 m verzweigt sich der Weg. Hier fährt man an der Rechtsabzweigung vorbei (sie führt zu einem Steinbruch) geradeaus bergab. Nach zwei Minuten sieht man den eindrucksvollen Hostal Sadernes. Man läßt ihn rechts liegen und schwenkt links auf einen Weg, der bergabführt und zur Einsiedelei Sant Aniol ausgeschildert ist. Sogleich sieht man links die Kirche St Cecilia. Nach 3,5 km taucht links unten der Pont d'en Valenti auf. Man überquert ihn und parkt unmittelbar danach auf dem kleinen Parkplatz, wo deutliche Wegweiser mit der Aufschrift »Sant Aniol« stehen. Falls der Parkplatz besetzt ist, fährt man den Weg ein Stückchen weiter und stellt hier das Auto ab.

Kurzwanderung: Zur Einsiedelei Sant Aniol und auf demselben Weg zurück (2 Std.).

Variante: Man kann eine etwas kürzere (insgesamt 2Std15Min lange), jedoch nicht minder lohnende Wanderung unternehmen, indem man der Hauptwanderung bis zur Verzweigung an der 1Std33Min-Stelle folgt. Statt weiter nach Talaixa anzusteigen, geht man scharf den Pfad hinab, der nach »Lo Muntado« beschildert ist. Nach 25 Minuten ist wieder das Feld erreicht, an dem man 18 Minuten nach Beginn der Wanderung vorbeigekommen ist.

Diese Wanderung gewährt einen überraschenden Eindruck in die Sozialgeschichte. Tag für Tag sind die Menschen vom Lande früher mühsam die Wege gegangen, die heute Urlaubern der Entspannung und Erholung dienen. Unterwegs kommt man an einer Kapelle vorbei und durch Dörfer hindurch, die seit langer Zeit verlassen sind.

Zunächst gehen Sie den Weg hinab, der zur Einsiedelei Sant Aniol d'Aguja beschildert ist. Er ist gerade noch für Fahrzeuge passierbar, verschlechtert sich jedoch stetig. Hier wie fast überall auf der Wanderung ist loses Geröll lästig. Vorsicht ist daher geboten, insbesondere auf Gefällstrecken. Nach knapp einer Minute kommt ein breiter seichter Bachlauf (Riera de Sant Aniol), den Sie auf Trittsteinen überqueren. Alle Bachüberquerungen auf Trittsteinen, die noch folgen werden, können mit Vorsicht und guter Balance trockenen Fußes bewältigt werden.

Folgen Sie dem Weg links am Bach entlang, bis links ein flaches offenes Feld mit einem Wegweiser nach Talaixa kommt (**18Min**). (Auf der Variante kommt man auf dem Rückweg wieder an dieser Stelle heraus.) Gehen Sie geradeaus auf einem schmalen Pfad weiter, der zwischen hohen Brombeerhecken verläuft. Nach weiteren zwei Minuten (**22Min**) suchen Sie sich einen Weg über ein Betonwehr hinweg. Es markiert den Anfang

Gegenüber: In der Riera de Sant Aniol (Wanderung 5)

eines großartigen Abschnitts der Wanderung durch einen Canyon. Der Pfad verläuft rechts am Bach entlang (geographisch ausgedrückt auf seiner linken Seite) und führt an tiefen klaren Wasserstellen vorbei. Dann verzweigt sich der Pfad (**39Min**). Entweder schwenken Sie nach links zum Bach und überqueren ihn auf Trittsteinen, oder sie biegen nach rechts, klettern zwei Minuten später (**41Min**) die vom Wasser geglätteten Felsen hinab und überqueren den Bachlauf auf einer schmalen Holzbohlenbrücke (wie bei »Indiana Jones«). Dies ist ein ausgezeichnetes Badeplätzchen. Sie befinden sich nunmehr auf der rechten Bachseite). Eine Minute später (**43Min**) wechseln Sie auf Trittsteinen, die nur knapp aus dem Wasser ragen, wieder zum linken Ufer. Vor Ihnen liegt ein offenes Gelände mit einer Ruine. Sie wenden sich nach links und wandern weiter am Bach entlang.

Bald (**46Min**) stoßen Sie auf die Route der GR11, die mit den üblichen rot-weißen Farbstreifen markiert ist. Folgen Sie der GR nach links weiter am Bach entlang. Dann (**51Min**) kommt eine weitere Verzweigung. Sie steigen nach rechts weiter an; es geht durch Buchsbaumbestand und an flachen Feldern vorbei. Nicht lange (**54Min**), und Sie sind wieder unten am Bach, den Sie auf Trittsteinen überqueren. Knapp drei Minuten später (**57Min**) taucht direkt oberhalb von Ihnen die verfallene Einsiedelei und Kapelle Sant Aniol auf; sie wurde im 11. Jh. im romanischen Stil an einer bereits im 9. Jh. bezeugten Stätte erbaut. Die alte Schutzhütte dahinter ist verfallen. Steigen Sie hinauf; dieses Fleckchen bietet sich für ein Picknick an (**1Std**).

Gehen Sie zu der Quelle Font de Sant Aniol (geradeaus, wenn man sich vom Eingang der Schutzhütte abwendet). Nehmen Sie den Pfad rechts von der Quelle. Hinter der Quelle biegen Sie jedoch nach links und folgen dem Fußweg durch ein normalerweise ausgetrocknetes Bachbett und durch Wälder mit riesigen Eßkastanien. An vielen Stellen kann man sich hier verlaufen; man sollte sich daher stets an den GR11-Streifen orientieren. Sie wandern stetig bergauf und durchschreiten nach einer Viertelstunde (**1Std15Min**) ein Schwingtür-Gatter mit GR-Zeichen. Bald (**1Std20Min**) gewährt ein schwindelerregender Steilabfall zur Linken einen großartigen Blick auf den Bach hinab und über dichtbewaldete Bergwildnis hinweg auf den Gipfel der Bassegoda (1373 m).

Der Pfad schwenkt nach Westen. Auf einem großen Felsbrocken rechts des Pfades (**1Std33Min**) steht in Farbe »Talaixa« (geradeaus) und »Lo Muntado« (nach links) geschrieben. Falls man die Wanderung abkürzen möchte, geht man nach links hinab; 25 Minuten später erreicht man wieder das Feld, an dem man ursprünglich nach 18 Minuten Gesamtgehzeit vorbeigekommen ist. Andernfalls wandern Sie geradeaus weiter und durchschreiten ein weiteres Gatter (**1Std38Min**). Schließlich erreichen Sie den verfallenen Weiler La Quera (**1Std47Min**) und halten nach der weiterführenden Markierung Ausschau. Sie ist jenseits des Weilers zu finden und führt zwischen der Mauer

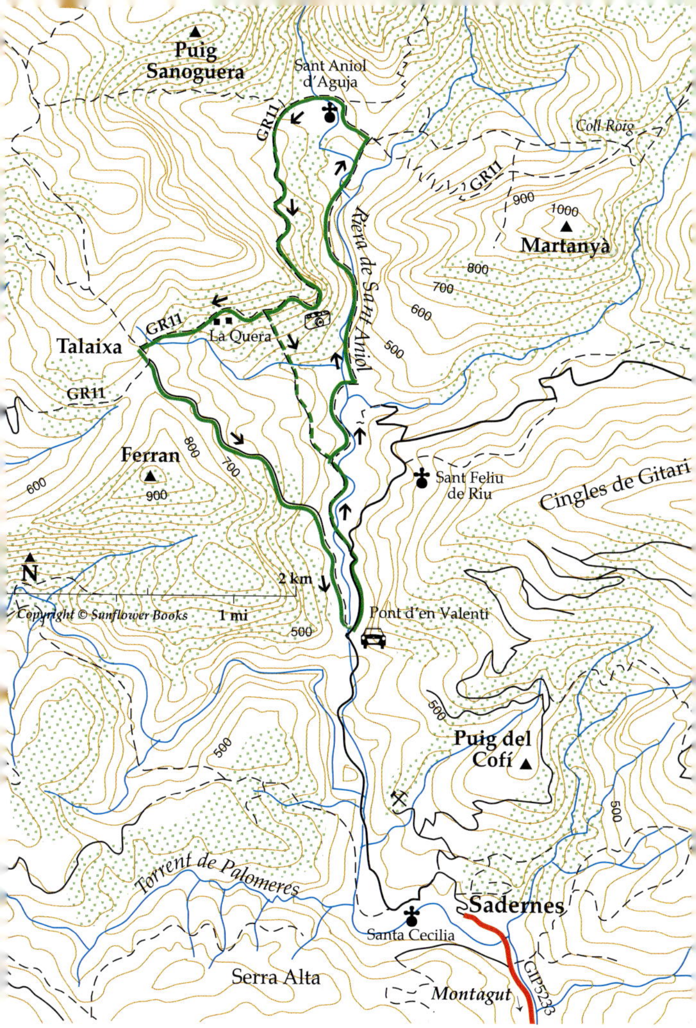

eines Hauses und einer Hecke weiter das Tal hinauf. Nach 13 Minuten stetigen Anstiegs, während der Sie treu den GR-Wegzeichen folgen, erreichen Sie Talaixa (**2Std**). Dieser verfallene Weiler mit seiner Kirche (17. Jh.) liegt auf einer Anhöhe mit paradiesischem Ausblick nach Osten und Westen.

Hier verlassen Sie die GR-Route und den Pfad, auf dem Sie gekommen sind, indem Sie scharf links hinabgehen und durch dasselbe Tal — nun aber auf der gegenüberliegenden Seite — zurückwandern. Es gibt hier einige wenige gelbe Pfadmarkierungen, jedoch keine rot-weißen GR-Zeichen. *Denken Sie an den Warnhinweis hinsichtlich des losen Gerölls!* Nach wenigen Minuten wird der Wegverlauf klar. Dann (**2Std39Min**) überqueren Sie einen breiten Erdweg. Schließlich (**2Std45Min**) erreichen Sie wieder den Bach, überqueren ihn jedoch nicht. Statt-

Wanderer machen an der Kapelle Sant Aniol ihre Rast.

dessen folgen Sie einem Fußweg, der entlang der rechten Bachseite verläuft. Bald (**2Std49Min**) erreichen Sie eine Schutzhütte aus Stein und den Pont d'en Valenti, überqueren ihn und steigen zu dem Fahrweg an, auf dem Sie geparkt haben (**2Std51Min**).

Gehen Sie links weiter, um wieder das Auto zu erreichen (knapp **3Std**).

6 AUFSTIEG ZUM PIC DU CANIGOU

Länge: 10 km; 3Std15Min

Schwierigkeitsgrad: Mittel, mit etwas Kletterei und einem Aufstieg über 600 Höhenmeter *vom Chalet des Cortalets.*

Ausrüstung: Gebirgswanderausrüstung, der jeweiligen Witterung angemessen (der Canigougipfel liegt in 2784 m Höhe); siehe die einleitenden Anmerkungen zum Kapitel »Wandern«.

An- und Rückfahrt: 🚗 mit vorbestelltem Jeep-Taxi zum Chalet des Cortalets und von hier wieder zurück. Die Jeep-Taxis sind in einigen Ferienorten der Umgebung erhältlich, darunter Vernet-les-Bains, Villefranche-de-Conflent und Marquixnes; nähere Auskunft in Ihrem Hotel oder beim Fremdenverkehrsamt.

Oder 🚗 (Autotour 2): Autofahrer nehmen 2,5 km nordöstlich von Prades einen sehr holprigen, aber befahrbaren Forstweg, der mit »D24B, Los Masos, Villerach« beschildert ist. Rechnen Sie für die 20 km lange Fahrt zum Parkplatz am Refuge de Prat Cabrera hinauf etwa 1Std10Min. Falls Sie keinen Jeep zur Verfügung haben, müssen Sie den Rest der Anreise vom Chalet des Cortalets zu Fuß bewältigen. Dies bedeutet *in jede Richtung* zusätzlich etwa ein bis anderthalb Stunden Fußweg.

Kurzwanderung/Variante: Parken Sie am Weg in der Nähe des Refuge de Prat Cabrera und wandern Sie zum Chalet des Cortalets hinauf (etwa 350 Höhenmeter Anstieg). Diese Berghütte ist nur im Sommer geöffnet; man kann hier übernachten sowie Essen und Getränke bekommen. Hin und zurück dauert diese Wanderung bis zu 3 Std. Falls Sie mit dem Jeep-Taxi kommen, machen Sie den Canigou-Aufstieg beliebig lang.

Dieser klassische Gipfelaufstieg führt zum Pic du Canigou, der mit seinen 2784 Metern eine der höchsten Erhebungen der Gegend bildet. Der Berg ist ein weithin sichtbares Erkennungszeichen und von vielen Stränden an der Costa Brava deutlich zu sehen. Im Gegensatz zu den weiter westlich gelegenen Gipfeln ist der Canigou ein mediterraner Berg ganz ohne Skilifte; er duftet nach Harz und ist vom Licht des sonnigen Südens durchdrungen.

Die Zeitangaben beginnen am Chalet des Cortalets (2150 m); während des Zweiten Weltkriegs diente es Flüchtlingen als Versteck. Vom Chalet wenden Sie sich auf den Hauptfahrweg; ein Holzschild mit der Aufschrift »Canigou« weist Sie nach links.

Links: Im Frühling kann der Abstieg vom Canigou berauschend sein, aber er ist gefährlich, falls man nicht über die richtige Ausrüstung verfügt. Man sollte unbedingt die Hinweise zu Hochgebirgswanderungen lesen, ehe man einen der Gipfel in Angriff nimmt.

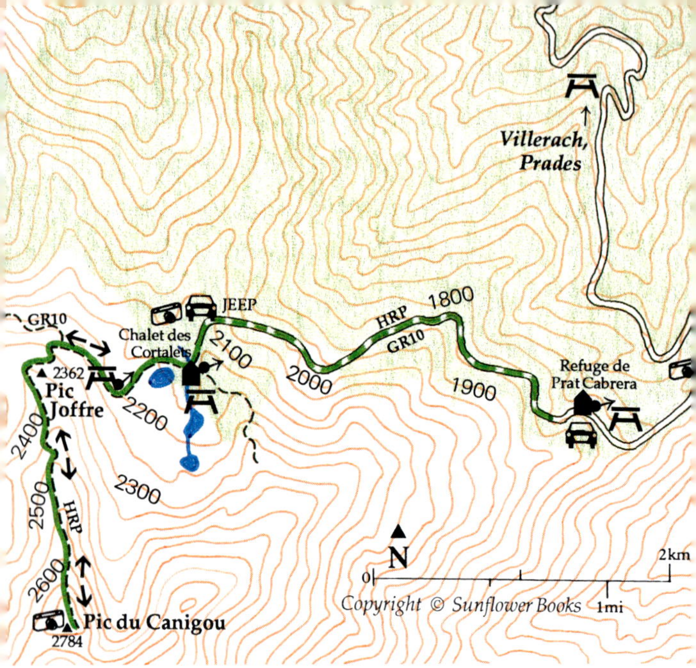

Auf einem deutlichen Fußweg überqueren Sie einen Bach, umgehen einen See (**15Min**), den Sie schließlich links liegen lassen, und steigen nach Westen zu dem langgestreckten Bergrücken auf, der zum Gipfel führt.

Sie kommen dann (**25Min**) an einem Picknickplatz mit Steintisch und Bänken vorbei (Trinkwasser ganz in der Nähe). Schließlich (**55Min**) gelangen Sie zum Anfang des letzten Bergrückens. Ein deutlicher Pfad führt an großen Felsformationen vorbei den Rücken hinauf; Ausblicke auf die geröllübersäte Ostflanke des Gipfels werden frei. Dann (**1Std10Min**) erreichen Sie den Fuß des eigentlichen Gipfels. Ein felsiger, manchmal kaum wahrnehmbarer Pfad führt im Zickzack zum Gipfel hinauf. *Vorsicht*, er ist stellenweise steil und kann rutschig sein. Zahlreiche Wanderer steigen einfach weglos hinauf, bis man schließlich oben ist (**1Std45Min**).

Wenn Sie sich nach einer Weile an die ringsum gähnenden Abgründe und die hinreißenden Ausblicke gewöhnt haben, werfen Sie einmal einen Blick auf die Table d'orientation. Der Abstieg verläuft auf derselben Route in anderthalb Stunden wieder zum Chalet des Cortalets hinab (**3Std15Min**).

St-Martin-du-Canigou nahe Wanderung 6 und Autotour 7

7 DURCH DIE WILDE CARANÇA-SCHLUCHT

Länge: 20 km; 7Std40Min

Schwierigkeitsgrad: Mittelschwer. Der Aufstieg über insgesamt 1300 Höhenmeter erfordert jedoch ein beträchliches Maß an Ausdauer.

Ausrüstung: Gutes Schuhwerk ist unverzichtbar, und ein Kompaß könnte sich auf dem Rückweg bei schlechter Sicht als nützlich erweisen; siehe die Einleitung zum Kapitel »Wandern«.

An- und Rückfahrt: 🚂 (Petit Train Jaune) nach Thues-entre-Valls (die Bahnlinie führt von Villefranche-de-Conflent nach Latour-de-Carol); Auskunft unter Telefon 0436353535;
oder 🚗 (Autotour 3; von Puigcerda folgt man der N116 Richtung Perpignan und parkt auf dem Parkplatz unterhalb des Bahnhofs).

Kurzwanderungen: Man folgt der Hauptwanderung bis zum Sims (27Min), biegt dann jedoch nicht nach links, sondern wendet sich nach rechts, um nach insgesamt einer Stunde wieder den Parkplatz zu erreichen. Etwas länger ist man unterwegs, wenn man der Hauptwanderung bis zur ersten Leiter folgt (53Min), von wo man entlang des rechten Flußufers zum Parkplatz zurückkehren kann (insgesamt 1Std40Min).

Variante: Nachdem man den Refuge de la Carança erreicht hat, kann man auf dem Hinweg zurückgehen und sich so 30 Minuten sparen.

Nur wenige Wanderungen bieten solch großartige Eindrücke in so geringer Entfernung vom Parkplatz wie diese Tour — eine enge Schlucht, phantastische Felsformationen und Wege in luftiger Höhe. Und dies alles bildet bloß den Auftakt!

Zunächst unterqueren Sie am Ende des Parkplatzes (direkt unterhalb des Bahnhofs) die Eisenbahnbrücke. Sogleich sind Sie unten in einer engen Schlucht, deren schroffe hohe Seitenwände für den weiteren Verlauf der Wanderung schwindelerregende Abgründe verheißen. Bald haben Sie die Wahl (**10Min**): Sie können sich nach rechts wenden und die Brücke überqueren, um der Wanderung zu folgen, oder aber, falls Sie überhaupt nicht schwindelfrei sind, geradeaus weiterwandern, um sich an der ersten Leiter (53Min-Stelle) wieder der Wanderung anzuschließen. Hinter der Brücke steigt der Pfad zu einem Sims an (**27Min**). Biegen Sie nach links (Süden), um die Wanderung fortzusetzen. (Falls Sie jedoch nach rechts weitergehen, können Sie eine Rundwanderung zum Parkplatz zurück machen; die Gesamtgehzeit beträgt dann knapp eine Stunde.) Nach 30 Schritten gehen Sie an dem Pfad vorbei, der nach rechts ansteigt. Die Wanderung folgt einem Pfad, der in die Felswand hineingehauen wurde. Weit unten in schwindelerregender Tiefe tobt nun das Wildwasser der Carança; halten Sie sich gut am Geländer fest! Der Sims verläuft mehr oder weniger horizontal, bis nach 26 Minuten (**53Min**) eine überwältigende Abfolge von Leitern und Brücken kommt. Dieser Abschnitt dauert gut eine Stunde; danach kommen Sie aus der Schlucht heraus (**1Std55Min**).

Ein deutlicher Pfad verläuft nun dicht am Fluß entlang und steigt leicht an, während sich das Tal allmählich weitet. Schließlich (**3Std**) müssen Sie aufmerksam auf ein Steinmännchen und einen Pfad achten, der nach rechts hinten (Norden) ansteigt; dies ist Ihr späterer Rückweg. Zunächst jedoch gehen Sie noch 30 Minuten zum Refuge de la Carança weiter (**3Std30Min**), wo

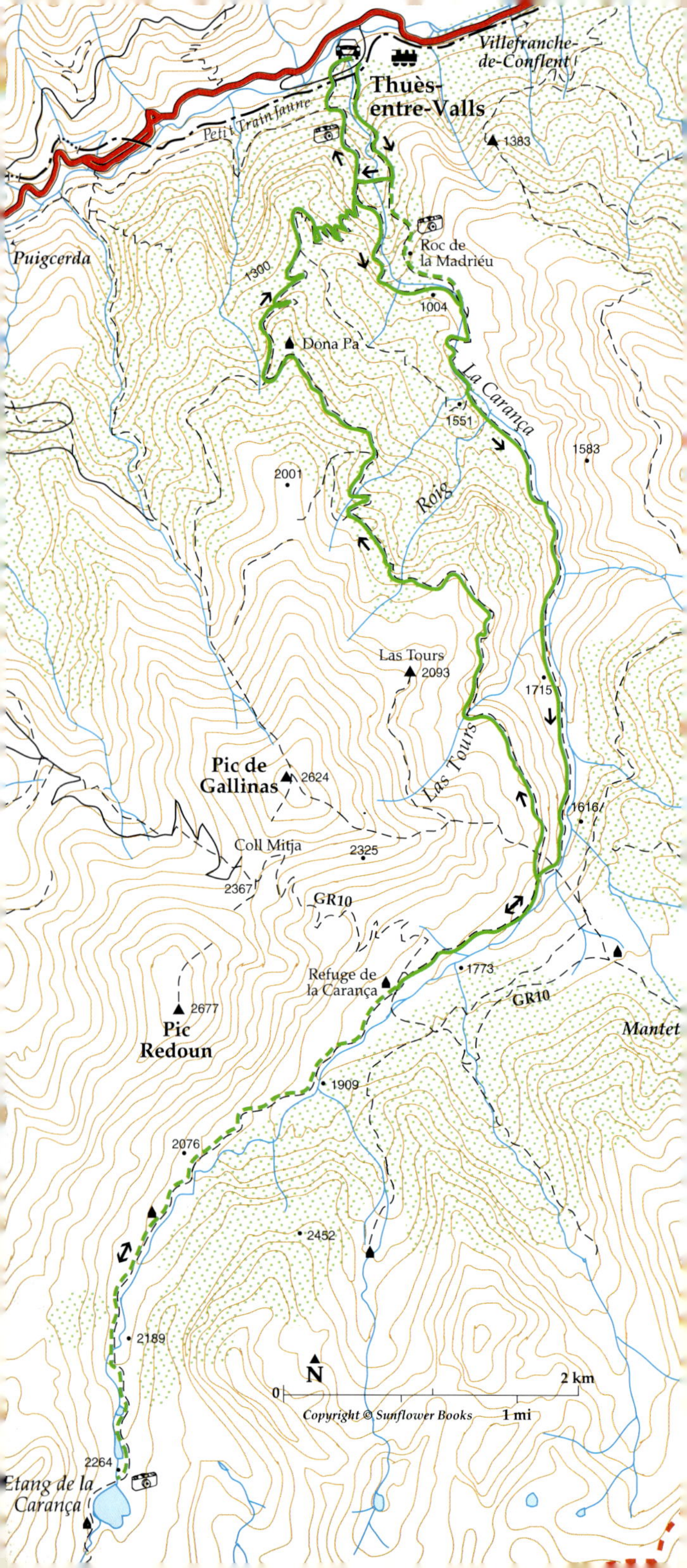
Villefranche-de-Conflent
Thuès-entre-Valls
Petit Train jaune
1383
Puigcerda
Roc de la Madriéu
1300
1004
Dona Pa
La Carança
1551
1583
2001
Roig
Las Tours
2093
1715
Pic de Gallinas
2624
Las Tours
1616
Coll Mitja
2325
2367
GR10
Refuge de la Carança
1773
GR10
Mantet
2677
Pic Redoun
1909
2076
2452
2189
N
0
2 km
Copyright © Sunflower Books
1 mi
2264
Etang de la Carança

im Sommer Erfrischungen erhältlich sind. Die Schutzhütte steht an einer Kreuzung von Wanderwegen. Der Fernwanderweg GR10 führt hier vorbei; er kommt von dem auffälligen U-förmigen Sattel im Nordwesten (Coll Mitja) und führt über den Fluß hinweg in Richtung Mantet im Osten. Der berühmte Etang de la Carança liegt anderthalb Stunden weiter südlich am Fluß Carança... falls man noch Energie hat.

Für den Rückweg gehen Sie zunächst bis zum Steinmännchen zurück (**4Std**) und hier links auf dem Pfad weiter. Er steigt in Kehren vom Fluß an und führt dann über den Hang zum Bach Las Tours (**4Std33Min**). Überqueren Sie den Bachlauf und wandern Sie an einer Orri vorbei. Eine Viertelstunde nach dem Bach (**4Std48Min**) lassen Sie eine erstaunliche Felsnadel rechts liegen. Nach weiteren 17 Minuten (**5Std05Min**) schwenkt der Pfad nach Westen und führt über den Bach Roig. Danach steigt er zwischen Haselsträuchern und Bergkiefern in Kehren an, ehe er zu einem weiteren Bachlauf hinabführt. Dahinter lassen Sie eine Orri rechts liegen.

Schließlich (**5Std55Min**) führt der Pfad unvermittelt nach Südwesten zurück; direkt rechts steht die kleine Schutzhütte Dona Pa (nicht bewirtschaftet). Nach 10 Minuten (**6Std05Min**) schwenkt der Pfad erneut nach Norden; es geht an dem linken Pfad vorbei. Ihr Pfad führt nun im Zickzack durch Eichenwälder bergab, die einst zum Bau der Petit train jaune benutzt wurden.

Schließlich (**7Std20Min**) gelangen Sie wieder auf den Hinweg und folgen ihm nach links. Nach 30 Schritten sehen Sie den Pfad, den Sie sieben Stunden zuvor von der ersten Brücke hinaufgestiegen sind, nach rechts hinabführen. Aber die Dramatik dieser Wanderung hat noch kein Ende. Gehen Sie geradeaus auf einem Pfad weiter, auf dessen rechter Seite beängstigende Abgründe gähnen (Sie haben sich ja zwischenzeitlich daran gewöhnt). Es bieten sich herrliche Ausblicke auf das Têttal. Nachdem Sie die Schlucht hinter sich gelassen haben, schlängelt sich der Pfad zum Parkplatz hinunter (**7Std40Min**).

Großartige Felsformationen in der Carança-Schlucht

8 NURIA • GORGES DEL FRESER • QUERALBS

Länge: 16 km; 6Std20Min

Schwierigkeitsgrad: Mittel. Die Tour besteht in der Hauptsache aus einem Abstieg über 750 Höhenmeter von Núria.

Ausrüstung: Keine besondere Ausrüstung erforderlich; siehe jedoch die allgemeinen Hinweise im Kapitel »Wandern«, Seite 43.

Anfahrt: 🚂 von Queralbs oder Ribes de Freser nach Núria. Gute Zugverbindungen, *aber man sollte vorher die Fahrzeiten überprüfen;* außerhalb des Hochsommers ist die Wanderung eventuell nicht bei Tageslicht zu bewältigen. Auskünfte zur Zahnradbahn nach Núria unter Telefon 72732013; für RENFE-Verbindungen nach Ribes Telefon 934900202; oder 🚗 (Autotour 2; fahren Sie von Ripoll entweder nach Ribes oder Queralbs zum Parken)

Rückfahrt: 🚂 von Queralbs

Variante: Folgen Sie der Wanderung in umgekehrter Richtung. Dazu wandern Sie vom Bahnhof in Queralbs bergab und gehen nach fünf Minuten links über eine Brücke. Unmittelbar hinter dieser Brücke laufen Sie links den Weg hoch, der zu hydroelektrischen Gebäuden führt. Zu diesen Gebäuden geht es über eine zweite Brücke und dann nach rechts in die Gorges del Freser hinein. Je nachdem, wie weit Sie wandern, ist diese Tour leicht bis mittelschwer.

Hinweis: In dieser Region herrscht in der kalten Jahreszeit Winterwetter, und obwohl man von offizieller Seite sichere Flußübergänge zu unterhalten versucht, ist diesem Bemühen nicht immer Erfolg beschieden. Brücken, die von

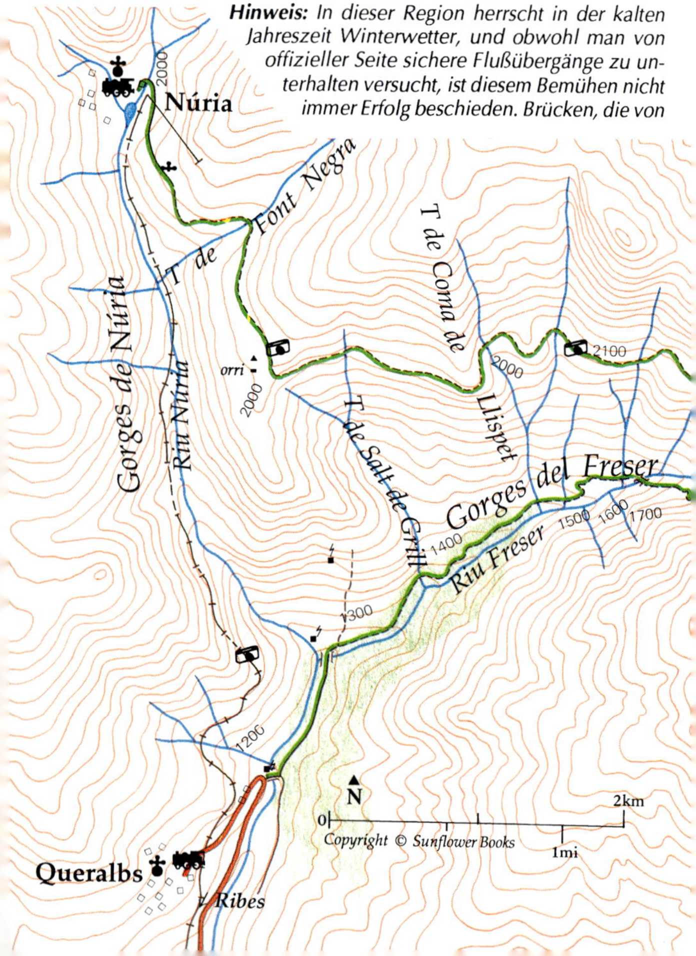

Lawinen weggerissen werden, werden eventuell durch behelfsmäßige Holzstege oder aber überhaupt nicht ersetzt. Hier ist Vorsicht geboten, und man sollte daran denken, daß die Suche nach geeigneten Flußübergängen viel Zeit kosten und die Wanderung entsprechend verlängern kann.

Das Abenteuer beginnt mit einer Fahrt in der letzten kommerziell betriebenen Zahnradbahn Kataloniens: Die Cremallera fährt in dem kleinen Bergdorf Queralbs los und führt auf steiler Strecke an hohen Felswänden vorbei, an tiefen Abgründen entlang und durch in den Fels gehauene Tunnels, bis sie schließlich ihre Passagiere und Güter nach 15 Minuten wohlbehalten an der Endstation in Núria absetzt. Núria (1967 m) ist Kataloniens erstes internationales Skizentrum. Vor langer Zeit wurde an dieser Stelle der Santuari de Núria erbaut, dessen sakrale Gebäude heute in ein Hotel und eine Berghütte umgewandelt sind.

Zunächst überqueren Sie die Bahnlinie und gehen auf dem breiten Weg am Skilift vorbei. Oberhalb der Bahnlinie, die rechts bleibt, steigen Sie an. Es geht an einigen ungewöhnlichen religiösen Skulpturen vorbei bergauf, und der Weg schwenkt nach links (**10Min**). Schließlich taucht links ein großer Betonaltar mit einem riesigen Kreuz darüber auf (**20Min**). Wenden Sie sich von diesem Altar ab, so daß Sie ihm vom Weg aus den Rücken kehren, und gehen Sie dann geradewegs quer über Weideland bergab (also in Richtung des längeren Teils des Kreuzes bzw. nach Südosten), bis Sie auf einen schmalen Fußweg gelangen. Folgen Sie diesem schmalen Erdpfad über eine Hangschulter hinweg in eine neue Umgebung; er führt dabei zunächst nach links, um einen Bach zu überqueren, und dann nach Süden am Hang entlang auf einen Bergrücken zu. Schließlich (**1Std**) erreichen Sie ein Steinmännchen und einen alten, von Wind und Wetter verwitterten Wegweiser.

Hier biegt der Pfad scharf nach links und setzt sich ungefähr auf gleichbleibender Höhe fort. Er führt allmählich zu einem guten Pfad, der von einer verfallenen Hirtenhütte (Orri) ansteigt. Gelegentlich bekommt man hier eine irritierte Gemse zu Gesicht, die neugierig das Treiben der bergabrutschenden Wanderer verfolgt. Biegen Sie bei der verfallenen Orri scharf nach links (Osten) und gehen Sie auf einem teilweise unscheinbaren Pfad weiter, der sich von den Gorges de Núria entfernt und zu den eindrucksvollen Gorges del Freser hinführt. Dann (**1Std25Min**) überqueren Sie den Torrente de Coma de Llispet. Nun verläuft der Pfad klar und deutlich über steile Hänge, mal ansteigend, mal fallend, teils über Geröll, teils über Fels. Einige Steinmännchen markieren den Routenverlauf. Wer gern jodelt, sollte es an dieser gut geeigneten Stelle versuchen; die krächzenden Krähen demonstrieren das Echo.

Stürmischer Tag bei Queralbs. Im Hintergrund liegen die kahlen Berge und schroffen Felswände, an denen es beim Abstieg von Núria entlanggeht.

Nach einigen oft schwindelerregenden Ausblicken (**2Std 20Min**) erwartet Sie der steilste Abstieg der Tour. Folgen Sie dem Pfad dicht an der Felswand entlang. Eventuell finden Sie die Reste eines alten korrodierten Kabels vor; verlassen Sie sich aber beim Balancieren auf die Felswand, während sie diesen schmalen und etwas schwindelerregenden Abschnitt passieren. Dann (**2Std 35Min**) überwinden Sie die letzte einer ganzen Reihe von kleinen Erhebungen, steigen durch eine Bresche in den Felszinnen (Cingles de la Balma) und gelangen schließlich zu einem breiten grasigen Sattel, von dem sich ein völlig neuer Ausblick bietet. Der Pfad biegt scharf nach links und steigt zu einem Bergrücken an (**2Std50Min**). Der Pfad ist nun deutlich und gut mit Steinmännchen markiert. Bald (**3Std**) erklimmen Sie eine kleine Erhebung und sehen zwei Gebäude unter sich liegen. Links befindet sich eine private Wetterstation und rechts der müllverdreckte Refugio de Coma de Vaca — traurige Spuren des Menschen in der Natur.

Von der Wetterstation wandern Sie zum Riu Freser hinunter, gehen stromabwärts (nach rechts), überqueren nach ein paar Minuten eine kleine, aber ausreichende Brücke (**3Std15Min**) und laufen dann am anderen Flußufer stromaufwärts (nach links). Gleich darauf gelangen Sie an einen Nebenarm, dem Sie ebenfalls stromaufwärts folgen; häufig geht es durch sumpfiges Gelände.

An einer ausgeschilderten Kreuzung (**3Std25Min**) geht es links nach Tregura (»3h10min«), aber Ihr Ziel lautet Queralbs (»3h«) und liegt rechts. Nun wandern Sie auf einem deutlichen Pfad Richtung Westen bergab und genießen eine herrliche Aussicht auf die steilen Felswände, an denen Sie ab der verfallenen Hirtenhütte entlanggewandert sind. Dann (**4Std35Min**) erreichen Sie die Talsohle und überqueren nochmals den Riu Freser — entweder auf einer sehr wackeligen Brücke oder auf Trittsteinen.

Der Pfad verläuft nun klar und deutlich in der Talsohle entlang, stets abwärts und über zahlreiche Bäche hinweg. Falls sich der Tag schon dem Ende zuneigt, achten Sie auf die schwarzgelben Feuersalamander; diese molchartigen Nachttiere sind so langsam, daß Gefahr besteht, sie aus Versehen zu zertreten. Schließlich (**6Std**) gelangen Sie an ein Wasserkraftwerk, gehen davor links über eine Brücke und laufen kurz auf dem Betonweg bis zur Asphaltstraße Queralbs/Ribes (**6Std10Min**). Folgen Sie ihr nach rechts das kurze Stück zum Bahnhof von Queralbs hinauf (**6Std20Min**).

Feuersalamander

9 GOSOL • PEDRAFORCA • SALDES

Länge: 15 km; 4Std45Min

Schwierigkeitsgrad: Leichter Aufstieg über 450 Höhenmeter.

Ausrüstung: Keine besondere Ausrüstung erforderlich; siehe jedoch die allgemeinen Hinweise im Kapitel »Wandern«, Seite 43

Anfahrt: 🚗 nach Gósol, Bauerndorf und Touristenort zugleich, am Ende der Asphaltstraße von Guardiola (30 km, Autotour 3);
oder 🚌 oder 🚗 Taxi: Auskunft über Busse und Taxis im Fremdenverkehrsamt von La Seu d'Urgell unter Telefon 73360155.

Rückfahrt: 🚗 Taxi von Saldes. Es ist aber eventuell besser, das Transportproblem gleich zu Beginn hinter sich zu bringen, indem man in Saldes parkt und mit dem Taxi zum Ausgangspunkt der Wanderung in Gósol fährt.

Kürzere Wanderung: Folgen Sie der Hauptwanderung zum Paß El Collell, genießen Sie den herrlichen Blick auf die Pedraforca und wandern Sie auf demselben Weg zurück (3Std45Min; leicht).

Wenn man von der Costa Brava zum Naturpark Cadí-Moixeró fährt, kommt man von einer mediterranen in eine alpine Landschaft. Die Hochgebirgswiesen sind mit Enzian *(Gentiana alpina)* bedeckt, und auf den Geröllhalden gedeiht die blauviolette Ramondia *(Ramonda myconi)*, eine Spezies, die sich schon vor den Eiszeiten behauptete. Mit einiger Geduld bekommt man auch Gemsen, wiederangesiedelte Rehe und Hirsche, Smaragdeidechsen, Steinadler und den Schwarzspecht, das Wahrzeichen des Naturparks, zu Gesicht. Auf dieser Tageswanderung umrunden Sie die weithin sichtbare Pedraforca und erblicken dabei sowohl von Gósol als auch von Saldes aus ihre unverkennbare Enforcadura (»Gabel«). Die höhere Spitze dieses Doppelgipfels (Pollegó Superior) ist 2497 m hoch.

Ausgangspunkt ist der schattige Brunnenplatz im Ortszentrum von Gósol, wo eine Tafel an einem Haus an einen Besuch Picassos erinnert. Gehen Sie nach Norden die Carretera Josa del Cadí hinunter — rechts an einem Andenkenladen vorbei, der gleichzeitig auch die Taxizentrale des Dorfes ist. Es

An der Serrat de la Salve

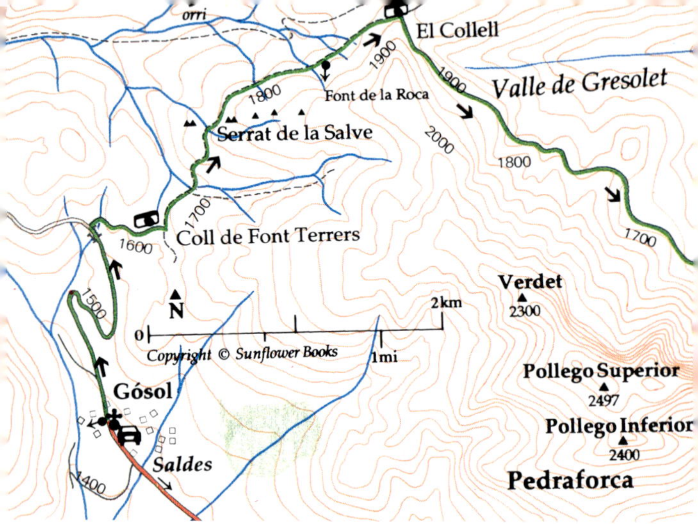

geht auf einem Fahrweg weiter, der zwei große Kehren beschreibt. Unmittelbar nach einer Brücke biegen Sie rechts auf einen Weg (**30Min**), der zum Coll de Font Terrers führt (**45Min**). Hier kann man im Norden die Südflanken der Hauptgipfel der Serra del Cadí (darunter der 2647 m hohe Canal Baridana) sehen. Folgen Sie einem unscheinbaren Pfad in Richtung dieser Berge; es geht an Kiefernschonungen vorbei.

Der Pfad steigt rasch an und schwenkt nach rechts zu einer Senke. Durchqueren Sie die Senke. Gehen Sie an einem Pfad vorbei, der nach rechts die Senke emporführt, und folgen Sie stattdessen den rot-weißen Farbmarkierungen zu einem steilen Zickzackpfad inmitten von Buchsbaumsträuchern und Wacholderbüschen. Tiere und Wasser haben für Erosion gesorgt und den Routenverlauf stellenweise verunklart. Gehen Sie einfach im Bogen nach rechts bergauf. Nach etwa 15 Minuten gelangen Sie aus der Senke heraus auf niedriges flaches Weideland (**1Std10Min**).

Eine Reihe von zerklüfteten Felszinnen, die Serrat de la Salve, erhebt sich nun vor Ihnen (Foto auf Seite 75). Wandern Sie direkt auf die Felszinnen zu und folgen Sie wieder den Wegzeichen, während Sie durch eine Bresche gehen (**1Std15Min**). Der Pfad führt mitten durch Weideland und beschreibt immer noch einen leichten Bogen nach rechts. Gleich darauf rückt in der Ferne, auf der gegenüberliegenden Talseite, eine kleine Hirtenhütte (Orri) ins Blickfeld.

Dann (**1Std20Min**) erreichen Sie die erste einer ganzen Reihe von kleinen Schluchten bzw. Senken, die Sie durchqueren müssen. Eine von ihnen, die Font de la Roca, trägt ihren Namen zu Recht: Hier kann man seine Wasserflasche wieder auffüllen. Der Pfad führt Sie sicher durch die Senke, aber nach starken Regengüssen ist besondere Vorsicht geboten.

Sie erreichen die zweite Senke (**1Std25Min**); sie ist weniger breit als die erste, aber der Pfad führt mit kühnem Schwung hindurch. Die dritte Senke ist am steilsten, kann aber unter stellenweiser Zuhilfenahme der Hände gut bewältigt werden. Für die insgesamt sechs Senken brauchen Sie etwa 35 Minuten (**2Std**). Danach führt der Pfad breit und deutlich bis zum Paß El Collell (**2Std15Min**). Der Ausblick, der sich von hier oben (1845 m) nach Osten bietet, ist wohl einmalig auf der Welt. Im Vordergrund liegt das Gresolet-Tal, wo das feuchte Mikroklima sowohl Silbertannen als auch Buchen gedeihen läßt.

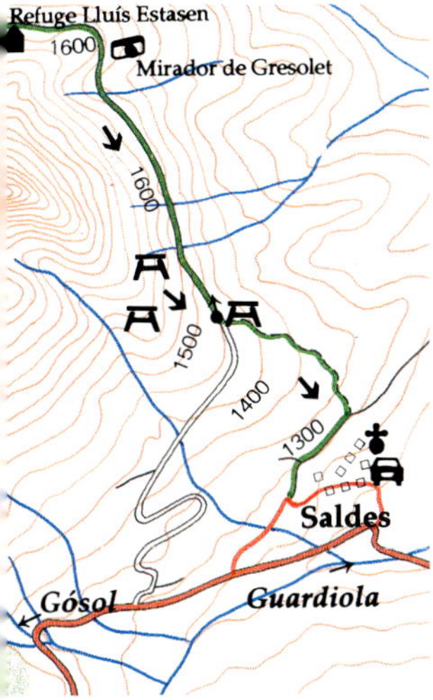

Auf dem Paß liegt eine ausgeschilderte Wegkreuzung. Nach links geht es zum »Coll Torn, 28min« und nach »Gresolet, 4h36min«. Sie wenden sich jedoch nach rechts, und von nun an ist der Wegverlauf einfach. Der breite Weg führt allmählich bergab und hat praktisch keine Abzweigungen. Sie können also voll und ganz die Landschaft genießen, die immer dramatischer wird, je mehr Sie sich der Pedraforca nähern.

Dann (**3Std05Min**) wandern Sie rechts an einem kleinen Gebäude vorbei. In ihm befindet sich der Aufzug, mit dem der oberhalb gelegene Refugio Lluís Estasen mit Waren versorgt wird (*nur* im Sommer sind Erfrischungen erhältlich). Bald kommt der Mirador (**3Std10Min**) — eine große, auf die Felsen hinausgebaute Aussichtsplattform aus Beton, von der man phantastische Ausblicke in alle Himmelsrichtungen hat. Da die Straße hierher asphaltiert ist, begegnen Sie an dieser Stelle wahrscheinlich auch anderen Touristen. Steigen Sie wieder herunter und wandern Sie an einem Trinkbrunnen sowie an einem Picknickplatz mit Bänken, Grillplätzen und Abfallkörben vorbei (**3Std27Min**). Nach zehn Minuten kommt ein zweiter Rastplatz mit Toiletten (nur im Sommer geöffnet). Beim Toilettengebäude werden Sie einen Fels mit einem Pfeil und der Aufschrift »Saldes via Regalim« entdecken.

Folgen Sie diesem Pfeil nach links durch den Picknickplatz und nehmen Sie einen Pfad, der zwischen Gebüsch und jungen Bäumen bergabführt; er ist gelegentlich mit roten Farbzeichen markiert. Sie gehen an einem Schild vorbei (**3Std50Min**), das zurück zum Refugio weist. Sogleich kommt eine Lichtung, von der die Hauptstraße weiter unten sichtbar ist. Gehen Sie zu einem deutlichen Weg hinab und folgen Sie ihm nach Saldes hinein (**4Std10Min**). Nach einer Erfrischung können Sie wieder ins Auto steigen oder mit dem Taxi nach Gósol zurückfahren.

10 ANDORRA LA VELLA • ENTREMESAIGUES • MADRIUTAL • ANDORRA LA VELLA

Siehe das Foto auf Seite 19 **Länge:** 16 km; 5 Std

Schwierigkeitsgrad: Leicht begehbare Wege, jedoch ein Aufstieg über 900 Höhenmeter.

Ausrüstung: Die Kleidung muß 2000 m Meereshöhe angemessen sein; siehe die Hinweise im Kapitel »Wandern«, Seite 43.

Anfahrt: 🚌 von Andorra la Vella nach Les Escaldes (entweder mit der Cooperativa Interurbana Andorrana, Telefon Andorra 376820412, oder mit La Hispano Andorrana, Telefon Andorra 376821372); oder 🚗 (Auto oder Taxi, Autotour 3). Siehe »Kürzere Wanderung« unten.

Rückfahrt: 🚌 von Les Escaldes nach Andorra la Vella

Kürzere Wanderung: 🚗 Mit dem Auto läßt sich der Aufstieg um 250 Höhenmeter bzw. 90 Minuten abkürzen. Fahren Sie direkt nördlich von Les Escaldes scharf rechts die CS20 hinauf, der Ausschilderung »Engolasters« folgend (sowohl von der Hauptstraße als auch von der Umfahrungsstraße aus erreichbar; siehe die Karte). Parken Sie 1,5 km weiter bergauf, wo die GR7 die Straße kreuzt (beschildert). Gleich in der Nähe steht die gegenüber abgebildete Kapelle.

Eine kurze, aber sehr schöne Wanderung in abgelegener Hochgebirgslandschaft abseits der Hektik Andorras mit seinen Verkehrsstaus und seinem zollfreien Warenverkauf. Nur wenige Besucher dieses kleinen Fürstentums der Pyrenäen bekommen diese Gegend je zu Gesicht.

Die Wanderung beginnt am Hotel La Grandalla in Les Escaldes, einer geschäftigen Ortschaft in der Nähe der Hauptstadt. Das Hotel liegt direkt unterhalb der Thermalquelle namens Roc

del Metge. Überqueren Sie die Straße und nehmen Sie den Cami de la Canaleta, der zur Umgehungsstraße ansteigt. Wenden Sie sich nach links, überqueren Sie *unmittelbar* hinter der Repsol-Tankstelle die Umgehungsstraße und folgen Sie dem asphaltierten Fußweg. Er steigt sehr steil zu der Straße an, die von Les Escaldes kommt (**50Min**).

Kapelle St Miquel d'Engolasters (siehe die Kürzere Wanderung)

Überqueren Sie die Straße schräg nach links und wandern Sie auf dem Fußweg (»Cami del Muntanya«) weiter; steil geht es an einer hohen Steinmauer entlang bergauf. Nach zehn Minuten (**1Std**) öffnet sich schließlich ein hübsches Tal; vor Ihnen steht eine Hütte. Zahlreiche rot-weiße Zeichen markieren die Route. Überqueren Sie eine Steinbrücke (**1Std05Min**) und gehen Sie an dem rechts abzweigenden Weg vorbei. Bald darauf kommen Sie an einem großen Steingebäude vorbei. Sie gelangen nach Entremesaigües (**1Std15Min**). In diesem Weiler stehen bemerkenswerte Steinhäuser, von denen einige gekonnt restauriert wurden.

Der Pfad teilt sich nun. Gehen Sie an der Rechtsabzweigung vorbei (Markierung »GR11/10 Refugi Pierrefita; Port de Pierrefita; Estany de la Nou«) und wandern Sie stattdessen geradeaus zwischen Weißbuchen, Buchsbaum und Kiefern weiter; das idyllische und bezaubernde Madriutal öffnet sich nun vor Ihnen. Schließlich (**2Std**) kommen Sie nach Ràmio, eine weitere, sehr kleine Ansammlung von Steinhäusern. Dahinter steigt der Pfad steil über rutschigen Kies an. Bald (**2Std05Min**) gehen Sie an einer Linksabzweigung nach »Encamp 1h45min« vorbei.

Schließlich (**3Std**) erreichen Sie die weite ebene Weidefläche, die auf Seite 19 abgebildet ist. Folgen Sie dem deutlichen Pfad an einem großen Bauernhof vorbei bis zum Wald (**3Std 05Min**). Ab hier verläuft der Pfad auf und ab durch Wald und Lichtungen; der Bachlauf liegt ein Stückchen nach rechts versetzt. Dann (**3Std20Min**) durchschreiten Sie ein Weidegatter und erreichen bald darauf eine altersschwache Schutzhütte mit Torfdach. Sie sind am Collet de l'Infern (»Höllenpaß«). Gehen Sie 15 Minuten weiter und bleiben Sie dabei dicht am Fluß, der in einer scharfen Biegung nach rechts fließt. Setzen Sie sich ein Weilchen und genießen Sie dieses bezaubernde, von Bergen umgebene Tal.

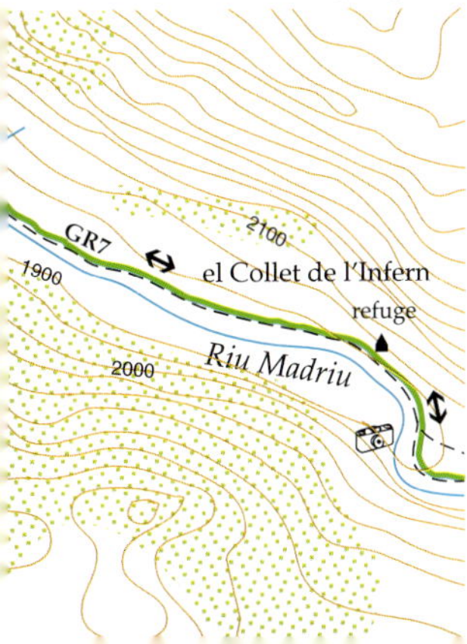

Gehen Sie auf demselben Weg zurück — und staunen Sie beim Abstieg, wie schnell eine Landschaft sich ändern kann: Vom ländlichen Himmelreich zur urbanen (aber zollfreien!) Hölle (**5Std**).

11 MERENS-LES-VALS • ETANG DE COMTE • ETANG DE COUART • L'HOSPITALET PRES L'ANDORRE

Siehe das Umschlagfoto und das Foto auf Seite 2

Länge: 20 km; 6Std50Min

Schwierigkeitsgrad: Mittelschwer bis zum Etang de Comte; danach nur für gut trainierte Bergwanderer geeignet. Der Aufstieg führt über 1100 Höhenmeter, und teilweise muß über Felsen geklettert werden, kurz: harte Arbeit!

Ausrüstung: Kompaß, feste und wasserdichte Schuhe, Karte (z.B. die Randonnées Pyrénéennes Cerdagne-Capcir). Ein Großteil der Tour verläuft in 2000 m Höhe; siehe die Hinweise zum »Wandern«, Seite 43

Anfahrt: 🚂 nach Mérens-les-Vals. Die Bahnlinie führt von Toulouse nach La Tour de Carol (telefonische Auskunft bei der SNCF: 0836353535) und dann über die Grenze nach Barcelona (telefonische Auskunft bei der RENFE Barcelona: 934900202);
oder 🚗 (Autotour 4 über Ax-les-Thermes; parken Sie entweder in Mérens-les-Vals oder sparen Sie sich eine Stunde Gehzeit, indem Sie den Forstweg bis zum Wasserfall hinauffahren. Dieser Weg ist auf der Karte verzeichnet und beginnt an einem Campingplatz.)

Rückfahrt: 🚂 von L'Hospitalet (Hauptwanderung) oder von Mérens-les-Vals (Kurzwanderung)

Kurzwanderung: Bis zum Etang de Comte und zurück (3Std15Min; Aufstieg wie oben, aber kein Klettern. Mittelschwer)

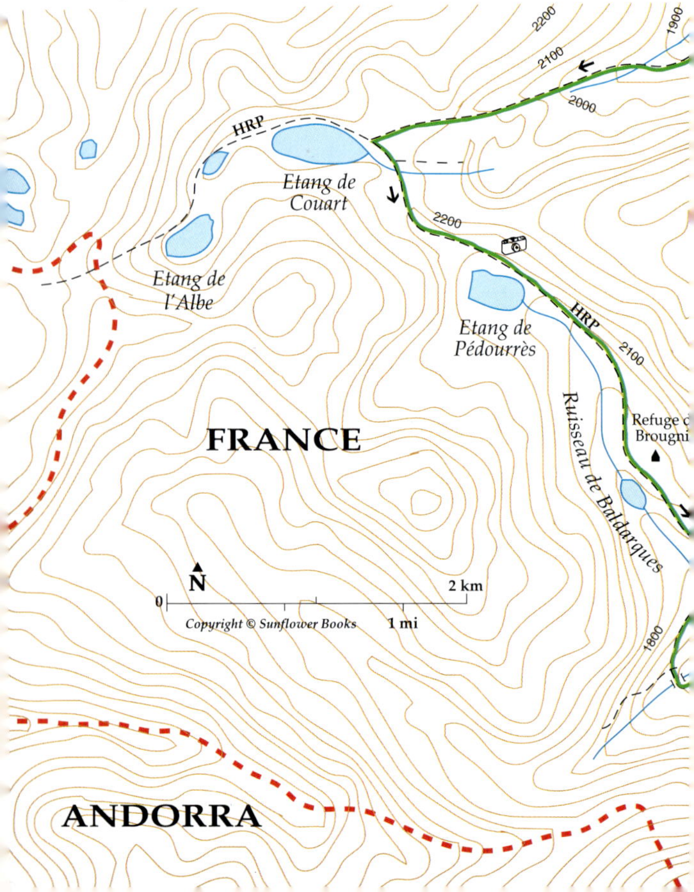

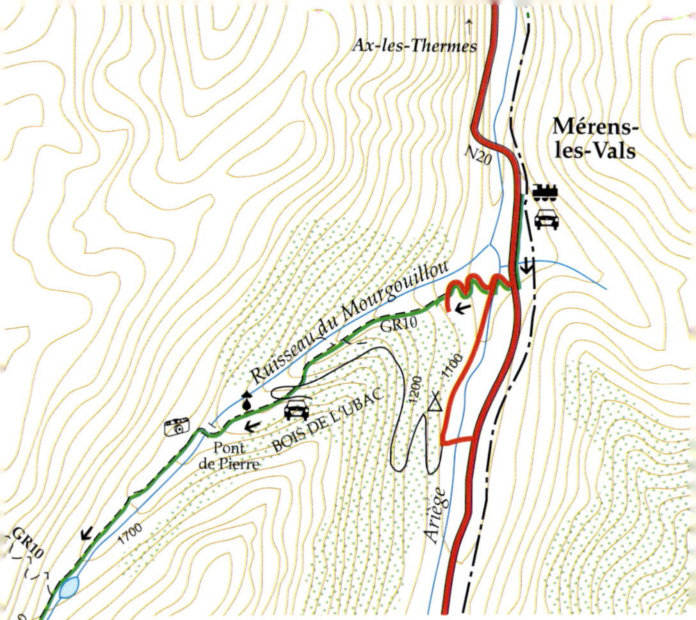

Häufig sieht man schwarze Mérens-Pferde im Mourgouilloutal grasen, dem ersten Teil dieser Wanderung. Diese Tiere sind berühmt, weil man eine Verwandtschaft zwischen ihnen und dem vorgeschichtlichen europäischen Wildpferd vermutet.

Ausgangspunkt ist der Bahnhof von Mérens. Folgen Sie der Hauptstraße nach links (Süden) und überqueren Sie den Fluß Ariège auf einer kleinen Steinbrücke (**4Min**). Dahinter biegen Sie nach links und gehen sogleich rechts eine Asphaltstraße hinauf. Achten Sie auf rot-weiße Farbstreifen — Sie befinden sich auf der berühmten GR10, dem großen Pyrenäenwanderweg von Hendaye nach Banyuls. (Etwas später im Verlauf dieser Wanderung können Sie Ihr Können auf der unmarkierten Haute Route Pyrénées unter Beweis stellen; dies ist die Bergsteigerroute.) Folgen Sie der Asphaltstraße am allerletzten Haus vorbei. Zwei Minuten später (**10Min**) kommt ein Schild »Passage Privé«. Hier

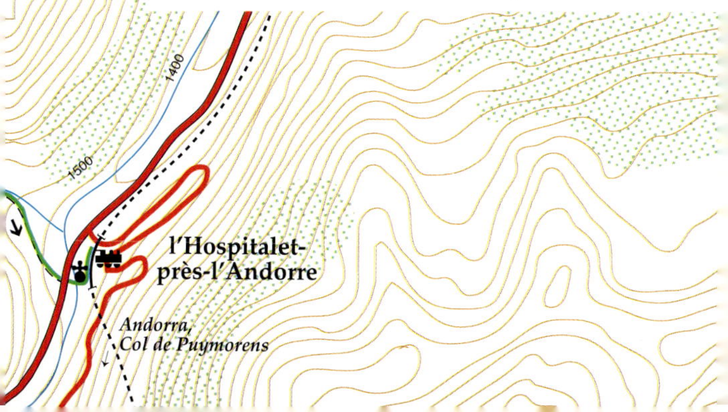

sind Sie gezwungen, nach links auf einen Fußweg abzubiegen, der durch Weideland hindurchführt, eine Asphaltstraße überquert und wieder zwischen Wiesen verläuft. Dann beginnt der Weg etwas steiler durch den Ubac-Wald anzusteigen; rechts fließt der Fluß Mourgouillou. Dann (**40Min**) wird der Weg kurzfristig breiter (gehen Sie an dem Fahrweg vorbei, der schräg nach links abzweigt, und lassen Sie eine Minute darauf auch den Pfad unbeachtet, der rechts den Bach überquert).

Schließlich (**1Std**) mündet Ihr Pfad in einen weißen Schotterweg, dem Sie nach rechts folgen, bis Sie nach einer Wegkehre einen Wasserfall vor sich erblicken. Autofahrer können bis zu dieser Stelle anfahren. Halten Sie nun nach einem Pfad Ausschau, der links ansteigt und mit rot-weißen Streifen markiert ist. Dieser Pfad kürzt eine weitere Wegkehre ab und setzt sich weiter oben zunächst steil ansteigend fort, bis Sie auf dem Pont de Pierre, eine Steinplatten-Brücke, einen Bach überqueren (**1Std15Min**). Nach der Brücke wenden Sie sich nach links und steigen weiter an, den Bachlauf zur Linken; vor Ihnen eröffnen sich schöne Ausblicke.

Über eine Reihe von steilen Anstiegen, jeweils unterbrochen von kleinen Verebnungen, wandern Sie weiter das Tal hinauf, bis Sie einen kleinen See (nur etwa 30 m lang) erreichen (**1Std45Min**). Hier bekommen Sie eventuell Mérens-Pferde zu Gesicht. Versuchen Sie *keinesfalls*, sich auf ein solches Pferd zu setzen: Es könnte nicht eingeritten sein! Direkt hinter diesem See steigt die kaum erkennbare GR10-Route steil nach rechts an, doch Sie bleiben auf dem regelmäßig begangenen und deutlichen Fußweg, der im Tal zum Etang de Comte hinaufführt (**2Std**). Dieser erste große See ist der ideale Wendepunkt für alle, die die Kurzwanderung machen; genießen Sie die Landschaft, bevor Sie auf demselben Weg zurückkehren.

Die nächste Etappe ist zwar körperlich anstrengend, erfordert jedoch nicht allzuviel technisches Können. Ein Kompaß wäre allerdings von großem Nutzen, denn hier gibt es keine rotweißen GR10-Streifen mehr, die bei der Orientierung helfen könnten.

Gehen Sie links um den Etang de Comte herum und wandern Sie weiter im Tal empor auf den Paß zu, der vor Ihnen liegt. Halten Sie sich ein bißchen links vom Hauptbach, und steuern sie knapp an der Birkengruppe vorbei, die unterhalb des Passes steht. (Falls Sie einen Kompaß haben: Richtung West-Südwest). Etwa 25 Minuten nach der Seespitze des Etang de Comte (**2Std25Min**) überquert der Pfad einen kleinen Zufluß mit Wasserfall; das Wasser sprudelt aus einem Felsen hervor. Ungefähr 45 Minuten hinter dem See (**2Std45Min**) schwenkt der Pfad auf die rechte Seite eines Hügels und biegt zum Hauptbach.

Etwas weiter oben kommt ein kleiner See (normalerweise ausgetrocknet). Sie erblicken einen kleinen abgestumpften Berg vor sich mitten im Tal; rechts befinden sich steile Felswände, die einen Engpaß bilden, durch den Sie gehen werden. Wandern

Sie zunächst auf einer unscheinbaren Reihe von Trittsteinen links am ausgetrockneten See vorbei zum anderen Ufer. Dann (**3Std**) überqueren Sie einen kleinen Seitenbach und wandern auf dem Pfad weiter, der sich nach weiteren 10 Minuten zwischen Felsbrocken verliert. Dies ist nur ein kleiner Vorgeschmack auf das, was Sie erwartet... Die Route ist mit Steinmännchen markiert und steigt stetig im Tal an, den abgestumpften Berg stets zu Ihrer Linken. Der genaue Routenverlauf ist zwar möglicherweise verschlungen, aber man kann sich nicht verirren, da die steilen Seitenwände des Tales Sie zwangsläufig zum Etang de Couart führen (**4Std20Min**).

An diesem See, der idyllisch zwischen hohen Gipfeln eingebettet liegt, kommen Sie auf die Haute Route Pyrénées (HRP). Geradeaus würde man über die Grenze nach Andorra gelangen (eine äußerst empfehlenswerte Tour; mit öffentlichen Verkehrsmitteln allerdings problematische Rückfahrt).

Folgen Sie stattdessen der HRP nach l'Hospitalet hinunter, indem Sie sich nach links zur nahegelegenen Seespitze wenden. Wenn Sie mit dem Rücken zur Seespitze stehen, öffnet sich vor Ihnen (im Osten) ein Tal mit steilen Felsen auf seiner rechten Seite, durch das ein deutlicher Pfad führt. Nehmen Sie diesen Pfad *nicht*! Sie müssen eine Route ausfindig machen, die im Bogen nach Süden führt, um *hinter* die Felswände zu gelangen. Dieser Pfad ist mit einer spärlichen Reihe von Steinmännchen markiert (denken Sie daran, dies ist die HRP, nicht die gut gekennzeichnete GR10...). Achtung: Gehen Sie von der Seespitze aus *nicht mehr als zwei Minuten* in das »falsche« Tal hinein. Schauen Sie dann nach rechts hinauf, wo Sie die ersten Steinmännchen der Route erkennen müßten. Sie steigt steil nach Süden hin an. Klettern Sie über loses Gestein und über ein kurzes Stück Fels; nach 10 Minuten (**4Std35Min**) kommt ein flacherer Abschnitt. Nach weiteren sieben Minuten (**4Std 42Min**) wandern Sie an einem Regenstandsmesser vorbei, der linker Hand etwas abseits steht. Gehen Sie durch sumpfiges Gelände weiter nach Süden, bis Sie auf einem Bergrücken sind und den Col de Puymorens sowie die sich zu ihm hinaufwindende Straße erblicken (Richtung Süd-Südost; **4Std55Min**).

Für die nun folgenden zwei Stunden brauchen Sie kaum eine Wegbeschreibung. Vom Bergrücken geht es in südöstlicher Richtung zu dem erkennbaren See hinab (Etang de Pédourrès). Lassen Sie ihn dann rechts liegen und folgen Sie dem deutlichen Pfad. Zunächst verläuft der Fluß Baldarques zu Ihrer Rechten. Dann führt der Pfad an einem weiteren See mit einem Damm vorbei (**5Std45Min**). Über eine Steinplatten-Brücke überqueren Sie den Fluß Baldarques (**6Std10Min**). Eine Minute nach der Brücke sehen Sie l'Hospitalet klar vor Augen. An einem häßlichen schwarzen Wasserrohr entlang führt der Pfad mit ermüdender Steilheit weiterhin bergab, bis er auf die Hauptstraße stößt. Überqueren Sie die Hauptstraße schräg nach rechts und nehmen Sie den Weg ins Dorf und zum Bahnhof (**6Std50Min**).

12 DIE GORGES DE LA FRAU

Siehe auch die Fotos auf Seite 22-23 **Länge:** 10 km; 4Std15Min

Schwierigkeitsgrad: Leicht. Gemächlicher Aufstieg über 400 Höhenmeter am Ende der Wanderung.

Ausrüstung: Keine besondere Ausrüstung erforderlich

An- und Rückfahrt: 🚗 (Autotour 4; parken Sie am Ortseingang von Comus). Ohne Auto ist die Anfahrt problematisch. Informationen über Busse und Taxis unter Telefon 0468203369.

Kurzwanderung: Die Tour verkürzt sich um 6 km, wenn man am südlichen Ortseingang von Comus den weißen Steinweg nimmt, dann 3 km bis zum Eingang der Schlucht fährt (hier schwenkt der Weg nach links hinauf) und hier parkt. Oder noch besser: Vorausgesetzt, Ihre Begleiter sind einverstanden, können Sie sich mit dem Auto am Eingang der Schlucht absetzen und am anderen Ende abholen lassen, wo die Asphaltstraße D5 beginnt (siehe die Karte; sehr leichte 40-minütige Wanderung).

Im Nordteil der Ariège-Pyrenäen liegt das Plateau de Sault, eine Welt für sich — das Frankreich längst vergangener Tage. Wandert man von Ax-les-Thermes herauf, hat man das Gefühl, um Jahrhunderte zurückversetzt zu werden in eine Zeit, als die Landwirtschaft noch nicht industrialisiert war und Greifvögel noch nicht einfach abgeschossen wurden. Heuzutage zieht es Speleologen hierher, die das Höhlensystem und die Schluchten des Plateaus erkunden. Am beeindruckendsten sind die Gorges de la Frau.

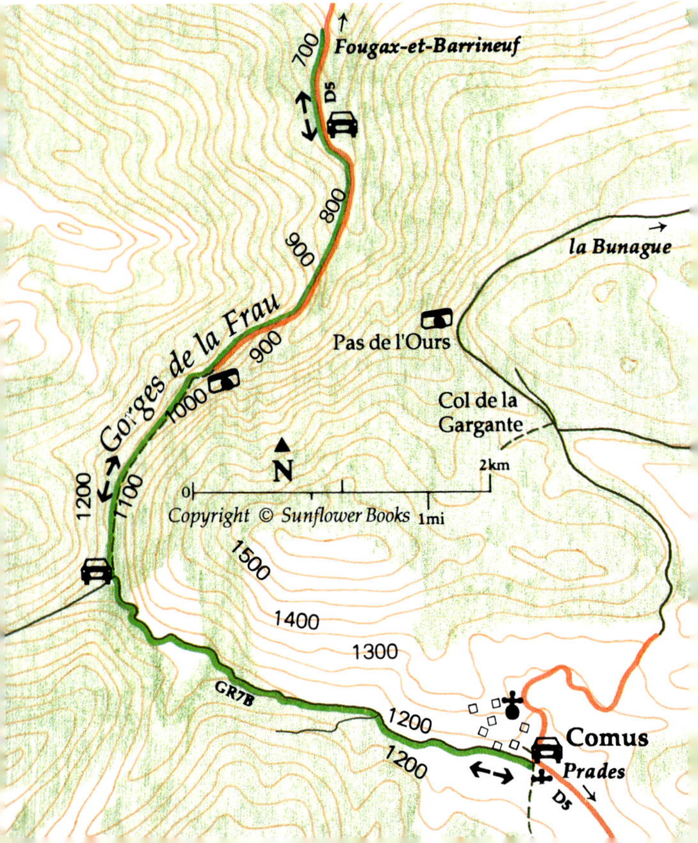

Krähen über der Schlucht

Am südlichen Ortseingang des kleinen Dorfes Comus steht links an einer Kreuzung von einem Fahrweg und einer Asphaltstraße ein Eisenkreuz. Hier **beginnt die Wanderung**. Folgen Sie geradeaus dem Fahrweg unterhalb des Dorfes. In regelmäßigen Abständen sind die rot-weißen Wegzeichen der GR7 zu sehen. Nach wenigen Minuten kommen Sie an einer kleinen Kläranlage vorbei (sie hat den Schnüffeltest der Autoren gut bestanden). Dann (**15Min**) gelangen Sie zu einigen niedrigen grasüberwucherten Felsen. Der Weg führt nun zwischen Buchen und Fichten bergab.

An einer Verzweigung biegen Sie nach rechts (**25Min**; der links ansteigende Weg ist deutlich mit einem rot-weißen Kreuz markiert — dem Zeichen für »falscher Weg«). Es geht nun weiter sanft bergab; beiderseits erheben sich Felsen. Schließlich (**50Min**) biegt der Weg scharf nach links, führt bergauf und ist mit einem deutlichen rot-weißen Kreuz »falscher Weg« gekennzeichnet. Ihr Pfad liegt hinter der Kuppe einer kleinen Erhebung rechts von der Kurve und führt im Grunde direkt geradeaus weiter. Während man dem schmalen Pfad durch ziemlich dichtes Unterholz und über umgestürzte Bäume folgt, stellt sich sogleich das Gefühl ein, in eine wilde Schluchtenlandschaft vorzudringen.

Dann (**1Std10Min**) erhebt sich vor Ihnen eine eindrucksvolle Felswand, der von den Wasserläufen der Jahrhunderte schon ganz orange und grau gestreift ist. Die gewaltige Dimension der Umgebung läßt Betrachter zu zwergenhafter Größe schrumpfen. Man hört den gellenden Ruf der schwarzen Krähen, deren Revier Sie nun betreten. Wenn außer Ihnen niemand in der Schlucht ist, stehen Sie hier mitten in der Wildnis: Keine Menschenseele und nichts außer Bäumen, merkwürdigen Gebirgsformen... und dem Summen von Millionen Insekten.

Schließlich stößt der Pfad auf eine Asphaltstraße (**1Std 30Min**). Dieser ruhigen und schönen Straße durch dichten Wald und seltsame Gebirgsformationen können Sie nun beliebig lang folgen. Nach fünf Minuten (**1Std35Min**) sehen Sie rechts oben einige messerscharfe Felsspitzen, die einen pyramidenförmigen Gipfel umgeben — die ganze Gruppe sieht aus wie die Skulptur eines von seinen Hofleuten umgebenen Königs.

Die Autoren sind die Aspaltstraße noch 25 Minuten durch diese Wildnis aus Laub- und Nadelgehölzen hinabgewandert (**1Std55Min**), ehe sie schließlich kehrtmachten und mit dem langen Aufstieg zurück begannen. Sollte man sich von Bekannten abholen lassen, kann man sich überall entlang dieser Straße (D5 von Fougax-et-Barrineuf) verabreden. Andernfalls kehren Sie in zwei Stunden nach Comus zurück (**4Std15Min**).

13 DER PARC NACIONAL D'AIGUES TORTES

Länge: 10 km; 3Std50Min *vom Estany (See) de Sant Maurici*
Schwierigkeitsgrad: Mittel; Aufstieg über 350 Höhenmeter
Ausrüstung: Bergwanderausrüstung entsprechend der Jahreszeit; siehe die Einleitung zum »Wandern« auf Seite 43.
An- und Rückfahrt: 🚗 (Autotour 6; parken Sie an den Prats des Pierrós am Eingang zum Nationalpark). Nehmen Sie ein Jeeptaxi bis zum See und wieder zurück. Falls man auf dem neuen, gut beschilderten Fußweg wandern möchte, sind es 250 Höhenmeter Aufstieg (1Std15Min bergauf, 45Min bergab).
Variante: Nur für guttrainierte Wanderprofis! Steigen Sie vom Estanys de Monestero weiter zum Gipfel des Pic de Peguera hinauf. Wandern Sie (mühsam) auf einem steilen Zickzackweg zum Coll de Monestero hinauf und wenden Sie sich dann nach rechts; der obere Gipfelgrat bleibt rechts liegen. Herrlicher Ausblick! Die letzte Etappe zum Gipfel ist mit Steinmännchen markiert, empfiehlt sich jedoch nur sehr erfahrenen Bergwanderern. Vom Estanys de Monestero kommen für diesen Gipfelaufstieg 750 Höhenmeter Aufstieg und insgesamt 3Std20Min zur Gesamtgehzeit hinzu.

Aigües Tortes bedeutet wörtlich übersetzt »verschlungene Wasser«. Doch über den schönen Sümpfen, Bächen, Wasserfällen und Seen des Parc Nacional d'Aigües Tortes liegt der Fluch der modernen Zeit: Die Wasser rauschen nicht mehr frei und wild, sondern sind alle begradigt — zur potentiellen Stromgewinnung aus Wasserkraft. Es gibt nur zwei Nationalparks in den spanischen Pyrenäen. Einer davon ist Aigües Tortes mit seinen 50 Seen, doch nun ist sein internationaler Schutzstatus auch noch gefährdet. Diese Wanderung verläuft in einem Teil des Naturparks, der noch nicht gänzlich »gezähmt« ist. Für diesen Genuß nimmt man die auf den letzten Etappen fehlenden Wegzeichen gern in Kauf.

Verlassen Sie das Jeeptaxi am Estany de Sant Maurici. Aufgrund der hydroelektrischen Bauvorhaben ist dieser See leider meistens zumindest teilweise ausgetrocknet und von einem schlammigen Uferbereich gesäumt. **Beginnen Sie die Wanderung,** indem Sie dem Fußweg nach links

Im Monesterotal

(Richtung Süden) zum »Refugio Ernest Mallafre« folgen. Er führt an der Staumauer entlang. Bald teilt sich der Pfad: Nehmen Sie den linken, unteren Pfad, der zu einem Steg hinabführt und an der Schutzhütte vorbeiläuft (**15Min**). Der Pfad (nun »Monestero« beschildert) steigt im Zickzack steil an. Ringsum gedeihen Blumen und Disteln, die von Schmetterlingen umgaukelt werden — für sie ist der Naturpark berühmt.

Dann (**35Min**) beginnen Sie zwischen Fichten aufzusteigen und bleiben dabei rechts von einem reizvollen Bach. Der Boden ist stark erodiert, weil Kühe, Pferde und Schafe, die hier in großer Zahl grasen, viele kleine Pfade getreten haben. Ihre Route ist jedoch eindeutig markiert. Steigen Sie rechts vom Bach an, nachdem er sich teilt. Zurückversetzt zur Linken erheben sich steile Felswände. An dieser Stelle taucht vor Ihnen ein großer Felsbrocken auf, den Sie links liegenlassen; auf diese Weise folgen Sie nämlich dem Monesterotal und *nicht* dem Secatal.

Dann (**1Std**) befindet sich der Felsbrocken direkt zu Ihrer Linken und Sie beschließen diesen leichten Aufstieg mit der Ankunft auf dem großen, von Bergen umgebenen Plateau namens Prat de Monestero. Links fließt jetzt ein Bach. Sie kommen zunächst am kleinen See Feixant vorbei und dann (**1Std15Min**) am größeren Estany Baix de Monestero. Hinter diesem See ist der Pfad nicht mehr so deutlich markiert, aber es gibt einige Steinmännchen.

Schließlich (**2Std10Min**) steigen Sie steil zu einer weiteren Weide mit einem kleinen See empor. Direkt vor Ihnen liegt der Pic de Peguera, mit 2982 m der höchste Gipfel in diesem Teil des Parks. Aus dieser Perspektive erhebt er sich rechts vom Berg Monestero (2878 m); dazwischen liegt der Coll de Monestero. Dies ist ein idealer Rastplatz — und Ausgangsbasis für diejenigen, die den Gipfelaufstieg (Variante) in Angriff nehmen wollen.

Wandern Sie anschließend auf demselben Weg zum Estany de Sant Maurici zurück (**3Std50Min**).

14 EINE KOSTPROBE DER BARONNIES

Siehe auch das Foto auf Seite 28 **Länge:** 6 km; 2Std20Min

Schwierigkeitsgrad: Leichter Aufstieg über 250 Höhenmeter; relativ steiler Abstieg zum Schluß.

Ausrüstung: Gummistiefel sind empfehlenswert; ansonsten ist keine besondere Ausrüstung erforderlich. Siehe jedoch die Einleitung zum »Wandern«, Seite 43.

An- und Rückfahrt: 🚗 (Autotour 7 nach Esparros). Esparros ist nur mit dem Auto leicht erreichbar, aber es gibt eine unregelmäßige Minibuslinie. Alle näheren Informationen (auch zur Unterkunft) bekommt man von der Maison des Baronnies, Telefon 0562390514. Vom Ortszentrum in Esparros fahren Sie (die Mairie bleibt rechts liegen) bergab in Richtung Laborde und biegen sogleich nach links, den Wegweisern »Horse Riding« und »La Cascade« folgend. Nach etwa 0,5 km kommen ein Kruzifix und ein schmaler Weg auf der linken Seite, der zur »La Cascade« ausgeschildert ist. Parken Sie hier, falls Sie die Kurzwanderung unternehmen wollen. Für die Hauptwanderung folgen Sie weiter der Straße. 6,5 km hinter dem Dorf endet die Asphaltierung an einer Schranke, die normalerweise geöffnet ist. (Falls sie geschlossen sein sollte, parkt man möglichst in ihrer Nähe und geht zu Fuß weiter; dadurch kommen 2,5 km Wegstrecke in jede Richtung zur Wanderung hinzu.) Hinter der Schranke geht es auf einem guten Fahrweg weiter; direkt hinter dem Viehpferch nehmen Sie die Rechtsabzweigung. Sie erreichen ein exponiertes Plateau mit einer Wegkreuzung und sind hier am Col de Couradabat, wo Sie parken.

In den Baronnies

Desman

Kurzwanderung: Parken Sie an dem riesigen Kruzifix (siehe oben) und folgen Sie der Ausschilderung »La Cascade« auf einem deutlichen, jedoch stark vernäßten Pfad am Flußufer. Sie kommen durch die auf Seite 28 abgebildeten Blumenwiesen und erreichen einen eindrucksvollen bemoosten Wasserfall (40Min).

Variante: Um den relativ steilen Abstieg von dem grasigen Paß zu vermeiden (1Std10Min-Stelle), können Sie auch auf demselben Weg zurückkehren (2Std20Min). Zuerst jedoch sollten Sie den Bergrücken (Crête de Sarramer) erklimmen und die Aussicht auf diesen erstaunlich abgeschiedenen Landstrich der versteckten Täler der Baronnies genießen.

Die Baronnies bilden ein verlassenes Gebiet, das allmählich in seinen Urzustand zurückkehrt — es ist weder flach genug für die moderne Landwirtschaft, noch bergig genug für den Skitourismus. Welch ein Refugium für die Natur! Die Autoren haben auf einer einzigen Tour Chevreuil (Rotwild), Sanglier (Wildschweine) und Vautour fauves (Gänsegeier) gesehen. In den Bächen ist eine der scheuesten Kreaturen der Pyrenäen zu Hause — der Desman *(Desmana moschata).* Diese Bisamspitzmausart hat eine trompetenförmige Nase (Abbildung oben). Die Autoren bekamen ihn nicht zu Gesicht; vielleicht haben Sie mehr Glück.

Ausgangspunkt ist die Wegkreuzung am Col de Couradabat. Gehen Sie den linken Weg (Richtung Süden) an einer kleinen, aus Stein erbauten Cabane vorbei; sie wird noch heute von Hirten und Arbeitern der nahegelegenen Mine benutzt. Der Weg steigt im Buchenwald an. An der einzigen Verzweigung halten Sie sich links. Während Sie sich der höchsten Stelle nähern, können Sie mit etwas Glück Geier sehen. Den Autoren war dieses Glück beschieden. An jenem Tag haben sie auch einen alten »Berger« (Hirten) getroffen, der ihnen

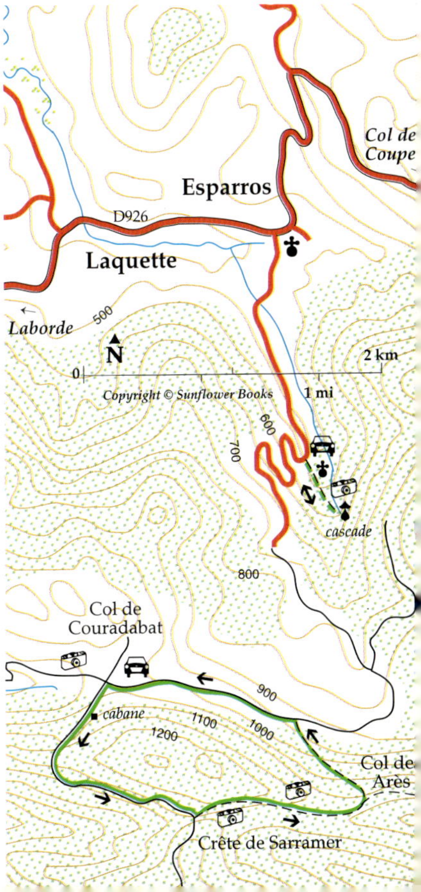

erzählte, daß er nun eine ganze Woche lang draußen campiert und seine Schafe gehütet habe. Er war ein Musterbeispiel für »Reisen ohne Gepäck«: Das einzige, was er anscheinend in seinem winzigen Rucksack hatte, war eine halbvolle Weinflasche!

Der Weg führt auf einen Sattel im Bergrücken zu. Gehen Sie an der Abzweigung vorbei, die nach rechts führt, und steigen Sie weiter geradeaus zum Paß empor (**1Std10Min**). Halten Sie oben inne, um sich umzuschauen: Es bietet sich einer der großartigsten Ausblicke auf die entlegeneren Winkel der Pyrenäen. »Sauvage« nennen die Franzosen solch eine Wildnis.

Unterwegs nach Esparros sollte man einen Besuch der uralten Abtei von Escaladieu nicht versäumen (Autotour 7).

Lassen Sie den Forstweg unbeachtet, der geradeaus weiterführt, und wenden Sie sich stattdessen nach links (Norden), um auf der anderen Seite des Sattels auf Ihren weiterführenden Fußweg zu gelangen. Es sind eventuell noch Reste grüner Farbstreifen erkennbar (Reitwegmarkierungen). Der Pfad schwenkt bald nach Osten und steigt allmählich zwischen Buchsbaum und Kiefern (nicht wenige der mächtigen alten Kiefern sind von Flechten überwuchert) zur Anhöhe des Bergrückens an (**1Std20Min**). Die Aussicht nach Norden Richtung Esparros ist herrlich, und weite Ebenen von Ackerland erstrecken sich, soweit das Auge reicht.

Rechts am Zaun einer Pflanzung entlang folgen Sie den grünen Markierungen des Reitweges auf dem Bergrücken nach Osten. Am Col des Arès (**1Std30Min**) verlassen Sie den Reitweg, der weiterhin auf dem Bergrücken verläuft, und nehmen eine Linksabzweigung, die steil zwischen zwei Pflanzungen bergabführt und dann in einen dichten Buchenwald eindringt. Dann (**1Std40Min**) kommen Sie vom Buchenwald in eine Fichtenpflanzung. Der Pfad wird in dieser Pflanzung immer schmaler, bis er auf den Hauptweg stößt, der von Esparros kommt (**1Std 55Min**).

Gehen Sie links weiter bis zur Kreuzung am Parkplatz hinauf (**2Std20Min**).

15 DAS DACH DER PYRENÄEN

Länge: 7 km; 5 Std.

Schwierigkeitsgrad: Mittelschwer. Ziemlich anspruchsvoller Aufstieg über 1059 Höhenmeter.

Ausrüstung: Bergwanderausrüstung entsprechend der Jahreszeit; siehe die Einleitung zum »Wandern«, Seite 43. Der letzte Paß liegt auf einer Höhe von 2444 m; hier kann von November bis ins späte Frühjahr Schnee liegen.

An- und Rückfahrt: 🚗 (Autotour 7 nach Luchon, von wo man auf der D126 5 km nach Süden weiterfährt und dann die Linksabzweigung zum Hospice de France nimmt; hier gibt es einen großen Parkplatz.)

Kürzere Wanderung: Man wandert nur bis zum Refuge de Venasque (Einkehrmöglichkeit) und kehrt dann auf demselben Weg zurück. Aufstieg über etwa 850 Höhenmeter; 4Std15Min. Die Berghütte ist *nur* im Sommer bewirtschaftet (vorher anrufen unter Telefon 61792646).

Der Aneto in Spanien ist mit 3404 m der höchste Gipfel der Pyrenäen. Der Gipfelaufstieg kann im Rahmen dieses Buches nicht beschrieben werden, aber der Anfang der »klassischen« Aufstiegsroute vom Hospice de France nahe Luchon bis zur Port de Venasque an der französisch-spanischen Grenze bildet eine wunderschöne Wanderung auf den Spuren vieler großer Pyrenäen-Bergsteiger.

Ausgangspunkt ist der Parkplatz am Hospice de France, das einst von den Johannitern aus Jerusalem erbaut wurde. Wenden Sie sich nach rechts und folgen Sie dem Schild »Port de Venasque«. Überqueren Sie den Bach und folgen Sie dem deutlichen Pfad durch Weideland und Wald; es geht in ein enges Tal hinein und nach Süd-Südwest bergan. Dann (**14Min**) überqueren Sie den Bach auf einer Beton- und Metallbrücke. Der Pfad beginnt in Kehren steiler anzusteigen, und das Tal verengt sich; man kann sich so nicht verirren.

Schließlich (**1Std**) stehen Sie am Fuß eines gewaltigen Steilhangs. Unterhalb des Wasserfalls überqueren Sie auf Trittsteinen den Bach und wandern den Wiesenhang links von der

Blick vom oberen Rand des Steilhangs (nach knapp 2 Stunden Gehzeit) auf den Hospice de France zurück.

Felswand weiter bergauf. Dann (**1Std25Min**) überqueren Sie zwei kleine Bäche. Schließlich (**1Std45Min**) schwenkt der Pfad in die Talmitte hinüber und führt Sie in das Gelände oberhalb des Steilhangs. Während es in Kehren bergaufgeht, bieten sich nach hinten immer eindrucksvollere Ausblicke. Der Hospice de France erscheint jetzt nurmehr als Punkt in einer grünen Lichtung. Dahinter liegen die Hänge der Montagut-Bergkette, die sich von Wäldern bis zu kahlen Gipfeln erheben.

Sie erreichen einen Kamm (**2Std03Min**) und gelangen in das obere Tal. Nun können sich die Beine ein bißchen erholen. Die Schutzhütte direkt hinter dem Kamm liegt in Ruinen, aber der Refuge de Venasque, Ihr Wegziel, ist nurmehr bequeme 25 Minuten entfernt. Halten Sie sich an einer Verzweigung (**2Std12Min**) rechts. Nachdem Sie endlich den Refuge de Venasque erreicht haben (**2Std 30Min**), werden Sie zweifellos zustimmen, daß die Lage am See neben den wunderschönen Boums du Port ein Postkartenidyll ist. Zwei weitere, kleinere Seen liegen ganz in der Nähe.

Die Kürzere Wanderung führt von hier zurück. Die Hauptwanderung setzt sich auf dem Pfad nach Osten fort, ohne den Bach zu überqueren. Nachdem Sie um eine kleine Erhebung herumgegangen sind, geht es wieder in südliche Richtung; rechts liegt der See, links erheben sich Felswände. An der Nordwestflanke des Pic de la Mine wird der Pfad steiler. Er führt dann in eine geröllübersäte Senke, die eingekeilt zwischen diesem Berg und dem Pic de Sauvegarde (rechter Hand) liegt.

Nach einer halben Stunde Anstieg von der Berghütte öffnet sich vor Ihnen unvermittelt ein enger Paß (**3Std**). Einen Schritt weiter durch die Port de Venasque (2444 m), und Sie sind in Spanien. Genießen Sie diesen Augenblick. Tief unten liegt das obere Eseratal, dahinter das gewaltige Maladeta-Massiv mit dem krönenden Pico de Aneto.

Der Aneto wurde erstmals 1842 bestiegen, und zwar von einer Mannschaft, die von dem russischen Kletterer Platon de Tchihatcheff angeführt wurde. Die Bergsteiger der Anfangszeit begaben sich zunächst ins Eseratal hinab, ehe sie mit dem Aufstieg aufs Dach der Pyrenäen begannen. Auf unserer Wanderung kehren Sie hingegen jetzt um und gehen auf demselben Weg zurück (**5Std**).

16 DER CIRQUE DE GAVARNIE

Länge: 10 km; 3 Std.

Schwierigkeitsgrad: Leichter Aufstieg über 400 Höhenmeter. Bei Schnee ist der zweite Teil der Tour allerdings gefährlich. In diesem Fall sollten Sie vom Cirque auf demselben Weg zurückgehen, statt weiterzuwandern.

Ausrüstung: Keine besondere Ausrüstung erforderlich; siehe jedoch die Einleitung zum »Wandern«, Seite 43.

Anfahrt: 🚌 von Luz-St-Sauveur nach Gavarnie (Busunternehmen Claude Dubie, Linie Lourdes — Argelès — Pierrefitte — Luz — Barèges — Gedre — Gavarnie); nähere Auskunft unter Telefon 0562924851; oder 🚗 nach Gavarnie (Autotour 8; Parkplatz am Cirque de Gavarnie).

Rückfahrt: 🚌 von Gavarnie oder mit dem Auto

Kurzwanderung: Wandern Sie bis zum Hôtel du Cirque und kehren Sie auf demselben Weg nach Gavarnie zurück (2Std10Min; leicht)

Gavarnie ist ein sehr beliebtes Wander- und Kletterzentrum in den Pyrenäen; der gleichnamige Cirque gehört zu den großen Sehenswürdigkeiten der Welt. Wenn man sich in dieser Gegend aufhält, sollte man unbedingt einen Abstecher hierher machen, jedoch die Wochenenden meiden, da jährlich über eine halbe Million Besucher kommen. Schon aus der Ferne erblickt man die gletscherbedeckte Felswand, die sich mehr als 1300 m aus dem Talboden erhebt und einen Durchmesser von über 3 km hat. Wenn man sich dem Dorf nähert, beachte man auch die berühmte Brèche de Roland (Foto Seite 100-101), einen Einschnitt oben in dieser Felswand. Der Legende nach wurde diese Bresche von dem sterbenden Roland, dem Befehlshaber der Nachhut Karls des Großen, aus dem Fels geschlagen (siehe Wanderung 24 und 25).

Beginnen Sie die Wanderung im Ortszentrum von Gavarnie, nehmen Sie die Route der Maultiertreiber und wandern Sie Richtung Süden zum Cirque (Sie können auch auf einem Maultier hinreiten). Beim Café Bergerie (**5Min**) überqueren Sie den Pont Brioule, wo die Asphaltstraße sich in einen Weg ver-

Blick von den Granges de Saugué auf den Cirque de Gavarnie

wandelt, und gehen an der »rive droite« entlang weiter. Unmittelbar vor einer modernen Scheune (**10Min**) laufen Sie an einem links abzweigenden Pfad vorbei (Ausschilderung »Espuguettes«); hier werden Sie später wieder zurückkommen. Jetzt aber geht es am Gave de Gavarnie entlang weiter; der Sturzbach entspringt hoch oben im Gletscher des Cirque.

Der Weg steigt bald steil an, bis Sie eine Anhöhe erreichen (**20Min**) und den ersten Ausblick auf das schöne Plateau de La Prade genießen. Sie befinden sich nun im Parc National des Pyrénées, der sich am oberen Rand des Cirque mit dem spanischen Nationalpark Ordesa verbindet (vgl. Wanderung 22). Hinter dem Plateau steigt der Weg zwischen Bäumen zu einer schmalen Schlucht an, an deren Ende sich das Hotel du Cirque befindet (**1Std05Min**); es liegt gerade außer Reichweite des mittäglichen Schattens. Früher beherbergte dieses Hotel einmal die »Großen« — von Russell (siehe Wanderung 17) und Charles Packe bis zum letzten Hochgebirgsführer von Gavarnie, George Adagas. Heutzutage kann man dort leider nur noch Erfrischungen und Souvenirs kaufen. Bis hierher bringen Sie auch die Maultiere. Man kann nun noch bis zum Fuß des Cirque weiterwandern und sich im kühlen Sprühregen der Grande Cascade erfrischen; dadurch kommen anderthalb Stunden zur Gesamtgehzeit hinzu.

Die Kurzwanderung führt auf demselben Weg nach Gavarnie zurück. Eine interessantere Alternative ist allerdings der Pfad, der durch den Bois d'Arribama hinaufführt. An heißen Tagen spendet dieser Wald willkommenen Schatten. Vor dem Hotel du Cirque folgen Sie dazu dem Schild »Gavarnie par les Espugues« und gehen einen schmalen Pfad nach Norden hinauf, der an der Seite des Hotels vorbeiführt. Nach fünf Minuten (**1Std10Min**) haben Sie eine kleine Anhöhe erklommen, von der man einen schönen Blick zurück auf Gavarnie hat. Nach weiteren fünf Minuten führt der Pfad unter hohen Felswänden vorbei und über einen Lawinenhang. (Falls hier Schnee liegt, ist dieser Abschnitt *gefährlich*; erkundigen Sie sich vorher bei den Einheimischen, ehe Sie diese Etappe machen!).

Schließlich (**2Std**) verzweigt sich der Pfad: Nehmen Sie den oberen, rechten Pfad. Nach zwei Minuten erreichen Sie eine Schutzhütte, die »ASPTT Gers« gehört. Von hier erblickt man die Zwillingsgipfel Petit und Grand Astazou sowie die Couloir Swan, die im Südosten zwischen ihnen liegt. Im Osten ist die Pailla Rouge (»roter Fels«), im Nordosten (genau geradeaus) der Pimené erkennbar.

Dann (**2Std10Min**) überqueren Sie eine Brücke und gelangen auf das Plateau de Pailla, ein idealer Aussichtspunkt und Rastplatz. Vom Plateau fällt der Pfad nach Nordwesten hin ab und führt dann in Kehren nach Gavarnie. Bei der Scheune (10 Minuten vom Café Bergerie entfernt) erreichen Sie wieder den Ausgangsweg und gehen nach rechts ins Ortszentrum zurück (**3Std**).

17 RUSSELLS HÖHLEN

Länge: 12 km; 4Std30Min

Schwierigkeitsgrad: Mittel. Anstrengender Aufstieg über 750 Höhenmeter (auf 2500 m Höhe) und Überquerung von Firnfeldern.

Ausrüstung: Lesen Sie die Ausführungen zum Hochgebirgswandern auf Seite 43; im Frühjahr oder im Herbst braucht man eventuell Steigeisen, Eispickel und Gamaschen. Wasser ist reichlich vorhanden.

Anfahrt: 🚗 Taxi von Gavarnie zum Barrage (Staudamm) d'Ossoue (vom Café Glaciers aus anrufen: 0462924730);
oder 🚗 zum Barrage d'Ossoue (Autotour 8: Fahren Sie von Gavarnie die Straße zur Skistation und folgen Sie dann in der ersten Haarnadelkurve dem Schild »Ossoue«). Die ersten 4 km haben Sie eine Asphaltstraße, die restlichen 3 km sind ein Fahrweg;
oder zu Fuß von Gavarnie zum Staudamm (nur für sehr *äußerst* ausdauernde Wanderer!)

Rückfahrt: 🚗 Bestellen Sie vorher ein Taxi, das Sie nach Gavarnie zurückbringt, oder fahren Sie mit dem Auto zurück.

Kurzwanderung: Folgen Sie der Hauptwanderung bis zum oberen Rand des ersten Wasserfalls und kehren Sie auf demselben Weg zurück (2 Std. hin und zurück; leichter Aufstieg über 200 Höhenmeter).

Variante: Wandern Sie von Gavarnie zum Ossouetal und folgen Sie der Straße beliebig weit. Die Felswände am Taleingang dienen Lämmergeiern als Nistplatz, und es besteht gute Aussicht, danach in den Wiesen Murmeltiere zu sehen. Leicht. Siehe die Karte auf Seite 96-97.

***Achtung:** Die Straße durchs Ossouetal kann bis in den Juni hinein von Lawinen blockiert sein. Das ganze Jahr über besteht Steinschlaggefahr!*

Graf Henry Patrick Marie Russell-Killough (1834-1909) war ein großer Exzentriker und reiste viel. Auf seinen frühen Erkundungen kam er in der ganzen Welt herum. Von den Pyrenäen, insbesonders dem Vignemale (3298 m), war er jedoch so besessen, daß er sich eine Reihe von Höhlen in den Berg schlagen ließ, in denen er lebte und Gäste empfing. Am zugänglichsten sind die Grottes Bellevue in der Nähe des größten Gletschers der Pyrenäen.

Am Ende des Fahrwegs durch das Ossouetal **geht es los**: Nehmen Sie den Pfad, der rechts vom Staudamm bleibt. Hinter dem See führt der Pfad zu einer Betonbrücke über die Oulettes d'Ossoue (**35Min**) und dann im Zickzack zum oberen Rand eines Wasserfalls hinauf (**1Std**).

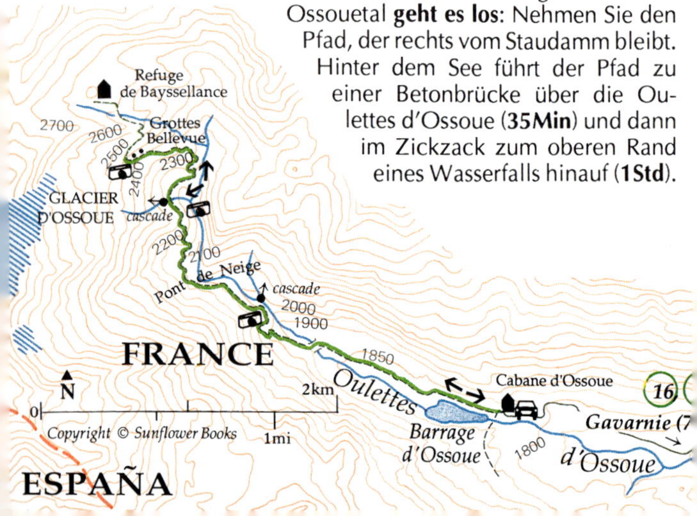

Blick nach Süden über den Barrage d'Ossoue

Danach geht es wieder hinunter zum Bach (ein schöner Rastplatz).

Schließlich (**1Std30Min**) kommt Firn (französisch névé); dieses poröse Eis hat sich aus altem Schnee gebildet. Das Firnfeld ist mindestens 30 Schritt breit. Danach folgen ein Erd- und Felshügel und ein weiteres Firnfeld. Diese Stelle heißt Pont de Neige (Schneebrücke). Im Sommer ist der Firn immer weich und man kann leicht darauf wandern, ***aber im Spätherbst sollte man schon mit Steigeisen und Eispickel umgehen können; im Frühling sollten nur erfahrene Bergsteiger diese Etappe in Angriff nehmen.***

Dann (**1Std55Min**) führt der Pfad auf eine Anhöhe, von der man links den Wasserfall erblickt, der vom Ossoue-Gletscher gespeist wird, dem größten Gletscher der Pyrenäen. Rückblickend bietet sich eine herrliche Sicht auf die Gipfel des Grenzgebiets und die Brèche de Roland (Wanderung 18). Überqueren Sie den Bach am Fuße des Wasserfalls (auf Trittsteinen); bei Bedarf kann man hier seine Wasserflasche auffüllen.

Vom Bach geht es in steilen Kehren bergauf, bis Sie zu einer aus dem Geröll herausragenden Felswand gelangen (**2Std 50Min**). In dieser Wand befinden sich die Grottes Bellevue. Welch eine Aussicht! Im Westen der Fuß des Ossoue-Gletschers, im Süden das Monte Perdido-Massiv, die Brèche de Roland und der Taillon. Russells Privathöhle mit einer Steinplattform als Schlafstelle ist hoch genug, um aufrecht darin zu stehen. Verweilen Sie ein wenig, um sich die Leidenschaft dieses außergewöhnlichen Mannes vorzustellen und die Szenerie, als er vor einem Jahrhundert hier in seiner »Residenz« Gesellschaften gab.

Der Rückweg (auf demselben Weg) dauert knapp zwei Stunden (**4Std30Min**).

18 DIE BRECHE DE ROLAND

Siehe die Karte auf Seite 96-97 **Länge:** 8 km; 5 Std.

Schwierigkeitsgrad: Schwer. Aufstieg über 500 Höhenmeter und Überquerung des Gletschers de la Brèche; aber Sie werden viel Gesellschaft haben!

Ausrüstung: Bergwanderausrüstung entsprechend der Jahreszeit; siehe die Einleitung zum »Wandern«, Seite 43.

Anfahrt: 🚘 Taxi von Gavarnie (Café Glaciers, Telefon 0462924730); oder 🚘 (Autotour 8: Fahren Sie nach Gavarnie und dann zur Port de Gavarnie, auch Col de Boucharo genannt).

Rückfahrt: 🚘 mit vorbestelltem Taxi von der Port de Gavarnie oder mit dem eigenen Auto.

Kurzwanderung: Wandern Sie bis zum Refuge Sarradets (großartiger Blick auf die Brèche), ehe Sie auf demselben Weg zurückkehren (3Std; leichter Aufstieg über 300 Höhenmeter).

Variante: Extremwanderer können den ganzen markierten Weg von Gavarnie über das Plateau de Bellevue zur Brèche marschieren (schwer; Auf- und Abstieg über 1400 Höhenmeter; Länge bis zu 12 Stunden).

Diese klassische Wanderung in den mittleren Pyrenäen führt zu einer Bresche in einer Felswand, die eine natürliche Grenze zwischen Frankreich und Spanien bildet. Nach der Legende wurde diese erstaunliche Kerbe von Durandel geschlagen, dem unbesiegbaren Schwert, das Roland geworfen haben soll, als er bei Roncesvalles von einem feindlichen Sarazenen tödlich verwundet wurde (siehe Wanderung 25).

Ausgangspunkt ist der Parkplatz an der Port de Gavarnie (auch Col de Boucharo genannt). Hier endet die Straße von der französischen Seite und trotz jahrelanger Planung ist immer noch keine Anschlußstraße von der spanischen Seite heraufgebaut worden. Taxis lassen hier oft Fahrgäste aus- oder einsteigen.

Vom Parkplatz folgen Sie dem steilen Pfad nach Osten. Sie kommen an einem Nationalpark-Schild vorbei, das vor den Gefahren im Hochgebirge warnt. Diese hochgelegene Gegend wird in der Tat häufig von Lawinen, Steinschlag und plötzlichem Wetterwechsel heimgesucht. Der Pfad ist jedoch klar und deutlich und ***an schönen Tagen*** können die meisten gut-

trainierten Wanderer diese Tour ohne Probleme meistern. An einem mit Felsen übersäten Plateau unter der Nordwand des Taillon, einem beliebten Kletterberg, endet der steile Anstieg (**6Min**). Rechts ist der Glacier des Gabiétous zu sehen.

Schließlich (**1Std**) kommt die andere Seite des Taillon in Sichtweite, und der Pfad beginnt scharf nach rechts anzusteigen. Dann (**1Std20Min**) erreichen Sie einen großen Fels mit aufgemalten Wegzeichen. Ein Pfeil deutet nach Gavarnie hinab; dies ist die Route, die man heraufkommt, wenn man im Dorf aufbricht. Rote Zeichen markieren die Route zum Refuge und zur Brèche, sind jedoch eigentlich überflüssig, da der Pfad eindeutig ist und in einer breiten Senke ansteigt. Dann (**1Std30Min**) taucht der seltsame Monolith namens »fausse brèche« (falsche Bresche) vor Ihnen auf. Näher am Pfad befinden sich einige merkwürdig gefurchte Felswände, die einen Vorgeschmack auf die Landschaft der Canyons der spanischen Ordesa geben (Wanderung 22). Steigen Sie noch fünf Minuten an (**1Std35Min**) und gehen Sie am Taillon-Gletscher vorbei, der sich ziemlich nah zu Ihrer Rechten befindet.

Schließlich (**1Std55Min**) erreichen Sie den Col des Sarradets und erblicken erstmals den Refuge und die faszinierende Brèche de Roland aus der Nähe. Sie gelangen zu dem aus Stein erbauten Refuge (**2Std10Min**). Machen Sie Pause, kaufen Sie Erfrischungen (oder übernachten Sie sogar; der Refuge ist den ganzen Sommer über geöffnet), und genießen Sie den ganz erstaunlichen Ausblick auf den Cirque de Gavarnie.

Folgen Sie dann einem unscheinbaren Pfad auf dem Grat eines großen Geröllhangs hinauf, bis Sie auf einem Plateau unterhalb der Brèche ankommen (**2Std40Min**). Sie befinden sich am Fuße der spärlichen Überreste des jahrtausendealten Glacier de la Brèche. Seine oft schneebedeckte Eismasse ist stets rutschig und nur schwer zu meistern. Sie werden sich jedoch in Gesellschaft zahlreicher Leute jeden Alters und aller Fitnessstufen befinden; die einen haben Steigeisen und Eispickel dabei, die anderen suchen sich vorsichtig einen Weg über weniger rutschige Stellen.

Schließlich (**3Std**) erreichen Sie die Brèche de Roland. Es bietet sich eine der großartigsten Aussichten der Welt. Bei klarem Wetter kann man hintereinandergestaffelt die verschiedenfarbigen Felswände von Spaniens berühmten Schluchten sehen. Sonnenuntergänge sind hier oben von magischer Schönheit. Ein Schritt durch die Bresche, und Sie befinden sich in Spanien — ganz ohne Ausweiskontrolle.

Kehren Sie auf demselben Weg zur Port de Gavarnie zurück (**5Std**)

Die Brèche de Roland

19 REFUGE DU CLOT • VALLEE DU MARCADAU • REFUGE WALLON • LAC DU POURTET • REFUGE DU CLOT

Länge: 21 km; 6Std05Min

Schwierigkeitsgrad: Mittel; Aufstieg über 950 Höhenmeter

Ausrüstung: Feste Schuhe; siehe die Hinweise zum »Wandern«, Seite 43

Anfahrt: 🚗 mit dem Taxi von Cauterets zum Chalet-Refuge du Clot, 750 m hinter dem Pont d'Espagne (Auskünfte zur Fahrt mit der SNCF nach Cauterets unter Telefon 0836353535);
oder 🚗 (Autotour 8; parken Sie am Chalet-Refuge du Clot).

Rückfahrt: 🚗 Mit dem Taxi vom Chalet (vorbestellen oder von dort anrufen) oder mit dem Auto zurück.

Kurzwanderung: Gehen Sie beliebig lang die Vallée du Marcadau entlang und kehren Sie auf demselben Weg zurück. Bis zum Refuge Wallon und zurück dauert die Wanderung etwa 3Std30Min (leichter Aufstieg über 300 Höhenmeter).

Hinweis: *Uns wurde mitgeteilt, daß der Refuge Wallon selbst zur Hochsaison geschlossen sein kann. Man sollte sich daher unbedingt vorher telefonisch erkundigen, falls man dort einkehren möchte (Tel. 0562920690), und im Zweifelsfall Proviant und Getränke mitnehmen.*

Die Vallée du Marcadau gehört zu den wenigen Pyrenäentälern, die etwas von der Atmosphäre des Grand Nord haben. Das Tal führt zum Refuge Wallon, der abgeschieden im Hochgebirge liegt. Von dort steigt die Route steil zu zwei Seen empor, dem Lac Nère und dem Lac du Pourtet, bis man schließlich wieder zum Pont d'Espagne hinabwandert.

Ausgangspunkt ist das Chalet-Refuge du Clot (knapp 1 km hinter dem Pont d'Espagne). Überqueren Sie zwei Brücken über den Gave du Marcadau und biegen Sie nach rechts auf eine für den Autoverkehr gesperrte Asphaltstraße, der Ausschilderung »Marcadau« folgend. Die Straße führt durch einen Fichtenwald nach Westen. Hinter einer Kurve (**25Min**) blicken Sie in eine offene Talniederung, die von hohen Gipfeln umgeben ist; der Bach glitzert in der Sonne. Die Straße verwandelt sich nun in einen Jeep-Fahrweg und führt links des Baches das Tal entlang.

Dann (**40Min**) erreichen Sie eine ganze Ansammlung von Schildern und biegen nach links in Richtung »Vallée du Marcadau/Refuge Wallon«. Der Jeep-Fahrweg verläuft im Wald bergauf und führt in eine offene Ebene im oberen Tal (**1Std05Min**). Am Bach gibt es herrliche Rastplätzchen. Überqueren Sie den Bach auf dem Pont d'Estalounque und wandern Sie am gegenüberliegenden Ufer weiter. Nach zehn Minuten geht es steil zwischen Fichten und Kiefern bergauf. Ein kleines Plateau (**1Std30Min**) bietet eine großartige Aussicht auf den Fluß hinunter, der nun tief unten liegt.

Dann kommen »Parc National«-Schilder (**1Std45Min**). Gehen Sie an der Linksabzweigung über die Brücke (zum Col d'Arratille) vorbei und wandern Sie fünf Minuten zum Refuge Wallon weiter (**1Std50Min**). In 1866 m Höhe ist dies eine gut ausgebaute Berghütte, die Erfrischungen, warme Mahlzeiten

Kurz vor dem Refuge Wallon werden wir ein Stück weit von Maultieren begleitet.

und Übernachtungsmöglichkeiten anbietet. Die Hütte schließt um den 25. September herum; danach bleibt nur noch der Petit Refuge (der Winterraum) für Bergsteiger geöffnet. Auf der Kurzwanderung kehrt man hier um.

Auf der Hauptwanderung folgen Sie dem Schild »Lac Nère, Lac du Pourtet«. Steinmännchen markieren den eindeutigen Pfad, der nach Nordwesten zwischen uralten Kiefern ansteigt; ihre Wurzeln sind kleine Stolperfallen! Folgen Sie dem Pfad nach rechts. Schließlich (**2Std05Min**) geht es im Zickzack steil durch ein wahres Labyrinth aus erodierten Wasserläufen und Tierpfaden bergauf. Der offizielle Pfad ist gelegentlich mit einem Steinmännchen gekennzeichnet, aber im Grunde ist jede Route gleich gut: Hauptsache nach oben!

Nach knapp 10 Minuten (etwa **2Std15Min**) überschreiten Sie auf Trittsteinen einen lebhaften Bach. Nutzen Sie die Gelegenheit und füllen Sie die Wasserflaschen auf! Folgen Sie dem Pfad noch 20 Minuten, bis links weitere Trittsteine über einen Bach verlocken (**2Std35Min**). Lassen Sie sich jedoch *nicht* in Versuchung führen, sondern bleiben Sie *rechts* vom Bach. Schauen Sie nach vorn, und Sie werden Ihren Pfad vor sich in Kehren den Hang hinaufschlängeln sehen.

Sie erreichen ein Wiesenplateau. Hier steht eine lange, grüngelb angestrichene Stange, die Sie nun ebenso wie den Bach zu Ihrer Linken halten. Es geht wieder ziemlich steil bergauf. Schauen Sie sich an dieser Stelle um: Der Ausblick auf den

Vignemale (siehe Wanderung 17) ist herrlich. Dann (**2Std 40Min**) verflacht sich der Pfad, aber bald danach beginnt ein weiterer zehnminütiger Aufstieg zu einem Wiesenplateau (**2Std50Min**).

Den Fluß immer noch zu Ihrer Linken, wandern Sie nun über das Plateau direkt auf die Berge vor Ihnen zu. Man fragt sich, wie ein Pfad diese steilen Felswände emporführen soll. Keine Sorge: Wie so oft bei Wanderwegen, gibt es auch hier eine gut zu bewältigende Route; der gut mit Steinmännchen markierte Pfad steigt in Kehren zu dem idyllischen, von Felsen umgebenen Bergsee Lac Nère an (**3Std25Min**).

Von der rechten Seite des Sees steigt der Pfad ziemlich rasch an und verläuft nach Norden weiter; am gegenüberliegenden Ende führt er aus der Senke. Obwohl der Routenverlauf recht eindeutig ist, findet man gelegentlich rote Markierungen und Steinmännchen. Nach zehnminütigem Aufstieg gelangen Sie zu einer von Bergen umgebenen Mondlandschaft mit losen Felsbrocken (**3Std35Min**). Wandern Sie nun, lediglich von Ihrem Echo begleitet, geradeaus über die Felsbrocken hinweg weglos bergauf und folgen Sie den roten Farbklecksen und den Steinmännchen zum zweiten Bergsee namens Lac du Pourtet (**3Std55Min**).

Folgen Sie nun dem Pfad entlang der rechten Seite des Sees, bis er nach rechts (Osten) biegt. Widerstehen Sie der Versuchung, bis zum Ende des Sees weiterzugehen. Ihr Pfad führt zu einem

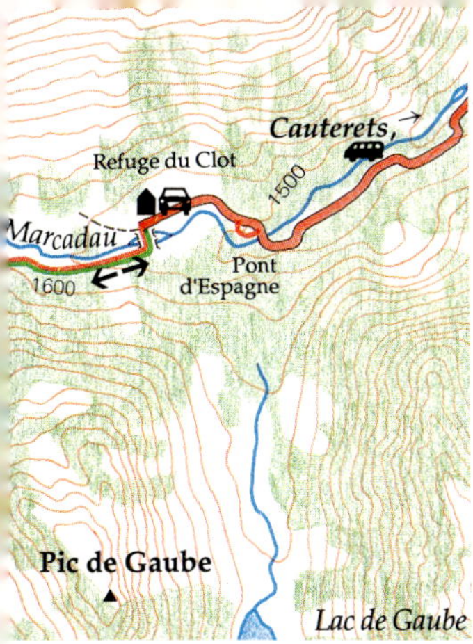

Bergrücken; dann beginnt der lange, lange Abstieg. Zunächst geht es ziemlich steil über rutschiges Geröll bergab zum ersten von mehreren tiefergelegenen Seen (**4Std10Min**). Ihr Ziel, die bewaldeten Hänge der Vallée du Marcadeau, kommen ins Blickfeld. Halten Sie hier Ausschau nach den schnellfüßigen Gemsen.

Dann (**4Std30Min**) überschreiten Sie eine Erhebung und nehmen an der Verzweigung den unteren Pfad, der am Bach Pourtet entlangführt. Bald (**4Std40Min**) gehen Sie kurz hintereinander an zwei Seen vorbei. Nach etwa acht Minuten schwenkt der Pfad nach Norden in ein neues Tal.

Dann (**5Std**) beginnen Zickzackkehren; der Pfad führt über einen Bach und ein mit Steinbrocken übersätes Gelände. Er überquert abermals den Bach (**5Std15Min**) und verzweigt sich unmittelbar danach. Gehen Sie rechts weiter (links kommt ein Aussichtspunkt) und wandern Sie durch zunehmend dichteren Wald bergab, bis Sie wieder unten ankommen (**5Std35Min**), den Pont du Cayan überqueren und auf den Ausgangsweg gelangen. Folgen Sie ihm nach links und laufen Sie auf dem Hinweg zum Chalet-Refuge du Clot zurück (**6Std05Min**).

Rechts (oben): Der Auerhahn ist in den französischen und spanischen Pyrenäen noch anzutreffen, während er in den französischen Alpen ausgestorben ist. Wenn man sich im Gebiet Cauterets aufhält, kann man im Donjon des Aigles im benachbarten Beaucens Greifvögel sehen, darunter den Gänsegeier (rechts unten) und den Lämmergeier (rechts außen).

20 VALLE DE PINETA • COLLADO DE AÑISCLO • VALLE DE PINETA

Länge: 13 km; 9 Std.

Schwierigkeitsgrad: Sehr anstrengender Aufstieg über 1200 Höhenmeter; technisch jedoch nicht schwierig.

Ausrüstung: Gute Bergwanderausrüstung, der Jahreszeit angepaßt; siehe die Einleitung zum »Wandern«, Seite 43.

Anfahrt: Übernachten Sie im Parador Nacional Monte Perdido am Ende des Pinetatals (Tel. 974501011) und beginnen Sie die Tour dort (für Hin- und Rückweg kommen jeweils 30 Min. dazu);
oder nehmen Sie ein 🚘 Taxi von Bielsa (10 km);
oder 🚘 (Autotour 9: Parken Sie 3 km südlich vom Parador Monte Perdido am Wegweiser »Collado de Añisclo«).

Rückfahrt: 🚘 Mit dem Taxi oder Auto vom Parador

Kurzwanderung: Kehren Sie an einer beliebigen Stelle um; auf dem ganzen Weg ist die Aussicht großartig.

Achtung: *Die ganze Wanderung beinhaltet einen Anstieg auf 2460 m Höhe. Dies bedeutet, daß zwischen Ende Oktober und Ende Juni in den höheren Regionen Schnee liegt. Nehmen Sie also steile schneebedeckte Hänge nicht ohne passende Ausrüstung und die nötige Erfahrung in Angriff; kehren Sie lieber an der Schneegrenze um und steigen Sie sicher ab.*

Von der am Río Cinca entlangführenden Straße aus könnte man meinen, daß nur eine Gemse die fast senkrechten Felsen der Sierra de las Tucas auf der gegenüberliegenden Talseite erklimmen kann. Es wäre jedoch jammerschade, diese überwältigende Aussicht allein den Gemsen zu überlassen. Der Weg ist zwar steil, doch nicht besonders schwierig

Die Tour beginnt etwa 9,5 km nördlich von Bielsa (bzw. etwa 2,5 km südlich vom Parador Nacional Monte Perdido) auf der Straße ins Pinetatal. Halten Sie nach einem Schild neben der Straße Ausschau: »Collado de Añisclo« (gelbe Schrift auf braunem Holz). Stellen Sie sich neben das Schild und suchen Sie in der Ecke einer Wiese auf der gegenüberliegenden Talseite nach einer verfallenen Steinhütte (Peilung mit dem Kompaß: West-Südwest). Entlang einer Reihe kleiner, leicht zu übersehender Steinmännchen steuern Sie diese Hütte an. Das Hauptproblem sind allerdings die zahlreichen seichten Seitenarme des Río Cinca, die es ohne Brücke zu überqueren gilt. Normalerweise können Sie von Stein zu Stein hüpfen; falls es jedoch kurz vorher stark geregnet hat, müssen Sie vielleicht schon einmal durchwaten.

Die Route verläuft an der Grenze des Parque Nacional de Ordesa y Monte Perdido entlang. Grenzmarkierungen (sowie Steinmännchen) führen Sie zu der verfallenen Hütte (**30Min**). Folgen Sie dann dem Pfad hinter der Ruine; er führt nach links am Fuße der Felswand entlang.

Fragen Sie sich immer noch, wie um alles in der Welt Sie die steilen Felsen erklimmen sollen? In ein paar Minuten erblicken Sie des Rätsels Lösung: Der Fels öffnet sich plötzlich, und ein Pfad führt in nordwestlicher Richtung steil durch einen Mischwald bergauf.

Dann (**1Std**) erreichen Sie eine Lichtung mit einem bezaubernden Blick auf die vielfach gestuften Felswände der Tres-

Das Pinetatal (Autotour 9, Wanderung 20)

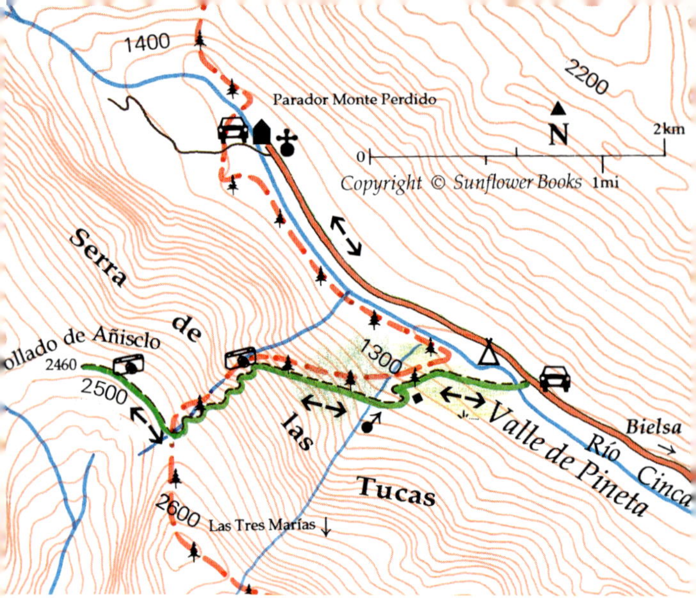

Marías-Wasserfälle. Wenn das Wasser reichlich strömt, kann man aus dem Bach unterhalb dieser Wasserfälle ohne weiteres trinken (man kann auf dieser Tour jeden Tropfen Wasser gut gebrauchen). Überqueren Sie den Bach auf Steinen; die Autoren sahen hier einst eine riesige Viper beim Sonnenbad. Der Pfad taucht nun wieder in den Buchenwald ein und wird noch steiler, so daß Sie stellenweise die Hände zu Hilfe nehmen müssen.

Schließlich (**2Std45Min**) führt der Pfad in eine weitere Lichtung, über der sich einige seltsam glatte Felsen erheben. (Hier ist noch einmal eine Gelegenheit, die Wasserflaschen aufzufüllen). Folgen Sie dem Pfad über die Felssimse unter den Felswänden zu einer schönen Wiese hinauf, auf der sich vielleicht Gemsen aufhalten. Nach der Wiese führt der Pfad im Zickzack den Grat eines kleinen Bergrückens hinauf. Unten liegt nun der Parador deutlich im Blickfeld. Rechts erheben sich einige wie Ruinen aussehende Felsen merkwürdig isoliert in der Landschaft. Machen Sie hier Rast und genießen Sie die Szenerie. Steigen Sie dann mit immer schwindelerregenderen Aussichten zum Paß hinauf. Die Route ist regelmäßig mit rot-weißen Streifen markiert. Die letzte Etappe der Wanderung führt über Geröll und um riesige Felsen herum, bis Sie den Paß erreicht haben (etwa **5Std**).

Manchmal benötigt man für einen Abstieg nur die Hälfte der Zeit des Aufstiegs; bei dieser Tour ist dies jedoch nicht der Fall. Rechnen Sie für den Rückweg noch einmal *vier Stunden* (**9Std**) und lassen Sie sich nicht in Versuchung führen, irgendwelche Abkürzungen in Richtung Parador zu nehmen. Die steilen Felswände unterhalb von Ihnen erlauben keine Abkürzungen!

Gemse

21 DER AÑISCLO-CANYON

Länge: 16 km; 5Std30Min

Schwierigkeitsgrad: Leichter Aufstieg über etwa 400 Höhenmeter; Trittsicherheit und Schwindelfreiheit sind unbedingt erforderlich.

Ausrüstung: Keine besondere Ausrüstung erforderlich; siehe jedoch die Einleitung zum »Wandern«, Seite 43.

An- und Rückfahrt: 🚗 Der Eingang zum Canyon liegt etwa 12,5 km westlich von Escalona an der Einbahnstraße nach Sarvisé (siehe Autotour 9). (Wenn Sie kein Auto haben, müssen Sie, falls Sie in der Gegend Ihr Feriendomizil aufgeschlagen haben, im Hotel ein Taxi bestellen.)
oder 🚌: In der Saison können Sie auch eine organisierte Busfahrt zum Añisclo-Canyon buchen; nähere Informationen erhalten Sie beim Fremdenverkehrsbüro in Huesca (Telefon 974225778) oder beim Parque Nacional de Ordesa y Monte Perdido in Torla (Telefon 974243361).

Kurzwanderung: Wandern Sie beliebig weit in den Canyon hinein und kehren Sie auf demselben Weg zurück; die erste Wegstunde ist leicht und nicht schwindelerregend.

Das Massiv des Monte Perdido (das höchste Kalksteingebirge Europas) und die Sierra de Guara im Süden sind von zahlreichen Canyons durchzogen, von denen der Ordesa-Canyon (siehe Wanderung 22) der größte und berühmteste ist. Einige andere Schluchten sind jenen Extremsportlern vorbehalten, die mit Seil und wasserfester Spezialkleidung die Wasserfälle überwinden. Der Añisclo-Canyon liegt zwischen diesen Extremen — er ist eng, aber leicht zu meistern..

Ausgangspunkt ist der Parkplatz beim Eingang zum Canyon. Gehen Sie die Asphaltstraße hinunter (nach Osten). Bald (**4Min**) biegen Sie links auf einen Fahrweg ab (Wegweiser »Parque Nacional de Ordesa y Monte Perdido«). Überqueren Sie die Schlucht auf der Betonbrücke und wandern Sie auf dem Weg weiter, der steil nach links abfällt. Oberhalb der Stelle, an der die Flüsse Río Aso und Río Añisclo zusammenfließen, kommen Sie an einer Höhlen-»Kapelle« vorbei (rechts; **10Min**). Der Weg führt in den Canyon hinunter und überquert den Añisclo auf einer Betonbrücke (**30Min**). Der Weg verengt sich nun zu einem Pfad, der auf der linken Seite des Flusses verläuft und ziemlich steil anzusteigen beginnt.

Dann (**40Min**) überqueren Sie auf einer Metallbrücke einen Seitenarm. Nach sieben Minuten befinden Sie sich oberhalb einer aufregend aussehenden »Wasserrutsche« — eine jener Stellen, die manche Extremsportler mit wasserfester Spezialkleidung hinabrutschen. Dann (**1Std**) wandern Sie unter einem Felsüberhang durch. Zehn Minuten später erreichen Sie eine Quelle mit gutem Trinkwasser. Die Vegetation des Canyons besteht vorwiegend aus Buchsbaum, Buchen und Eichen, von denen hier verschiedene Arten existieren. Besonders erwähnenswert ist die Pyrenäeneiche mit weißer Blattunterseite.

Dann kommt eine etwas nervenaufreibende Etappe der Wanderung (**1Std15Min**) — ein schmales, glattes und rutschiges Stück Fels mit einem Steilabfall nach rechts in den Canyon hinab. Beim ersten Besuch der Autoren war es ungesichert; bei ihrem letzten Besuch waren nicht sehr vertrauenerweckende Pfosten und ein Drahtseil als Sicherung vorhanden. Dieses Wegstück ist aber nicht wirklich schwierig, wenn Sie sich entspannen und *vorsichtig* auf die andere Seite hinübergehen. An riesigen Eiben vorbei geht es weiter bergauf. Dann kommt eine weitere, einfachere Schluchtpassage. Der Pfad führt leicht auf und ab, den steilen Abhang stets zur Rechten. Der Fluß unterhalb von Ihnen bleibt immer in Hörweite. Schließlich (**1Std35Min**) erspähen Sie einen großartigen Wasserfall, der durch eine enge Schlucht schießt; gleichzeitig sehen Sie eine weitere Trinkwasserquelle neben dem Pfad. Bald darauf ist der Pfad mit Steinen und Holzbalken befestigt. Auf den nun folgenden 25 Minuten ist der Pfad sehr steil, bis er sich in einer kleinen Waldung mit jungen Bäumen verflacht (**2Std**).

Unsere Wanderung endet an diesem idyllischen Fleckchen namens La Ripareta, das für ein Picknick wie geschaffen ist. Die Autoren sahen hier einst einen Schwarm der herrlichen Gänsegeier, in dessen Gefolge sich ein Lämmergeier befand.

Man fühlt sich nun schon sehr erhaben, wenn man auf den Grund der Schlucht und den tief unten liegenden Fluß hinabblickt. Über Ihnen erheben sich jedoch noch immer graue und orangefarbene Felsen. Der Pfad führt nun nach links direkt unter diese Felsüberhänge (auch hier wurde der Pfad mit Steinen befestigt). Zum ersten Mal seit Betreten der Schlucht folgt der Pfad hier nicht direkt dem Flußlauf, sondern steigt in weiten Kehren den Hang der Schlucht hinauf. Bald (**2Std05Min**) kommt eine Beton- und Metallbrücke (unten sind die Überreste ihres Vorläufers, eine sehr viel schönere Holzbrücke, zu sehen).

35 Minuten lang geht es in steilen Kehren weiter bergauf (**2Std40Min**). Der Aufstieg verläuft durch Nadelhölzer und Farne, bis der Pfad auf ein weites Plateau führt; auf der rechten Seite befindet sich ein steiler ungesicherter Abhang. Dann (**2Std 55Min**) kommt ein steiniges Wegstück über einen Bach (meist ausgetrocknet), das an mächtigen Buchen und moosbedeckten Felsen vorbeiführt. Anschließend geht es wieder auf und ab. Der Fluß rückt erneut ins Blickfeld, die Route verläuft allmählich zum Flußufer hinunter. Vor Ihnen liegen die beeindruckenden Berge, die den Ordesa-Canyon umgeben.

Schließlich (**3Std 10Min**) erreichen Sie La Ripareta, jene weite grasige Ebene, die gegenüber abgebildet ist. Sie liegt auf Höhe des Flusses und ist von den Wänden des Canyons umgeben. Obwohl die Autoren an dieser Stelle die Tour beschließen, kann man dem Pfad weiter bis zum Ende des Canyons folgen, wo der Wasserfall Fon Blanca liegt (für Hin- und Rückweg kommen *jeweils* zwei Stunden zur Gesamtgehzeit hinzu).

Wandern Sie auf demselben Weg zurück (**5Std30Min**).

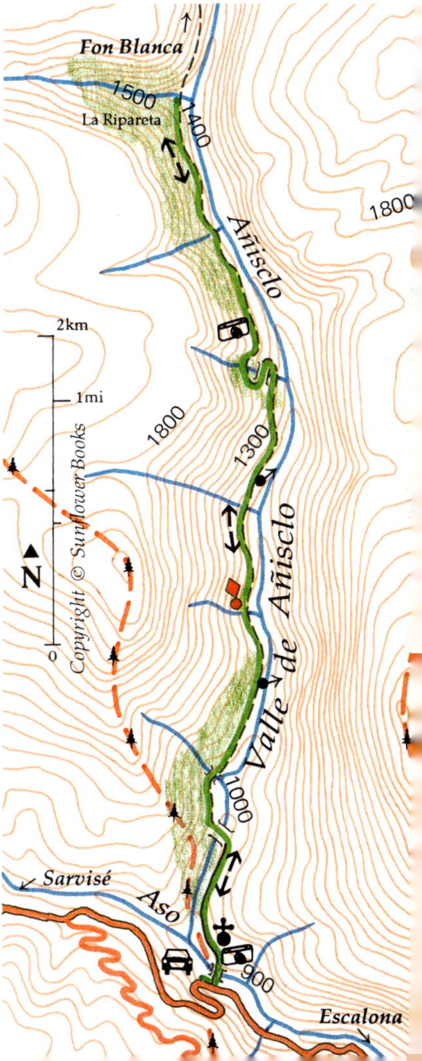

22 EINE SCHLUCHTWANDERUNG IM NATIONALPARK ORDESA

Fotos auf den Seiten 1 und 35 **Länge:** 16 km; 5Std30Min

Schwierigkeitsgrad: Leichter Hinweg (Aufstieg über 450 Höhenmeter). Der Rückweg ist anspruchsvoller (Aufstieg über 250 Höhenmeter und steiler, steiniger Abstieg über 700 Höhenmeter). Wer Höhenangst hat, sollte auf dem Hinweg zurückkehren.

Ausrüstung: Feste Schuhe; siehe auch »Wandern«, Seite 43.

An- und Rückfahrt: 🚖 Taxi von Torla zum Ordesa-Parkplatz (Rückfahrt gleich vereinbaren!); oder
🚗 (Autotour 9), Ordesa-Parkplatz. Im Sommer sollte man hier frühzeitig eintreffen, da der Parkplatz sonst voll sein kann. Nähere Auskunft beim Parque Nacional de Ordesa y Monte Perdido in Torla unter Telefon 974243361. Am Eingang zum Nationalpark (3 km vor dem Ausgangspunkt der Wanderung) gibt es auch ein Besucherzentrum.

Kurzwanderung: Folgen Sie dem Weg bis zur Brücke (Puente de Arripas) oberhalb der Cascada del Abanico, und wandern Sie dann am anderen Ufer des Flusses Arazas zurück (2Std.; leichte, fast ebene Wanderung).

Variante: Die Wanderung kann verlängert werden, indem man den Circo de Soaso zum Refugio Góriz hinaufgeht (zusätzlich 500 Höhenmeter bzw. 2Std30Min.), wo man übernachten kann (Telefon 974-34-1201). Trittsicherheit und Schwindelfreiheit sind unbedingt erforderlich

Wenn man nur für eine einzige Wanderung in den Pyrenäen Zeit hat, dann sollte man sich für diese Tour entscheiden. Inmitten einer unvergeßlichen Schluchtenlandschaft wandern Sie zum Fuße des Monte Perdido, dem dritthöchsten Berg dieses Gebirges. Die Felsen selbst sind die Hauptattraktion — schier endlose Kalksteinfelsen, die man auf etwas unheimlichen Felssimsen (»Fajas«) überquert. Außerdem hat man eine Chance, seltene Vögel wie Lämmer- und Gänsegeier zu sehen und vielleicht auch Geckos zu Gesicht zu bekommen. Ziemlich sicher jedoch begegnet man Gemsen.

Ausgangspunkt ist der Ordesa-Parkplatz. Folgen Sie dem Fahrweg nach Osten (Wegweiser »Cascadas Cola Caballo«). Er verläuft nicht weit vom Fluß Arazas entfernt; zu beiden Seiten

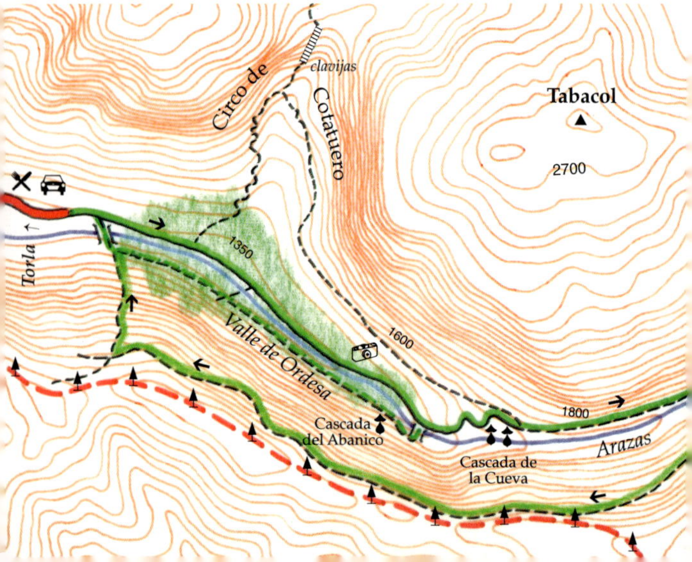

der Schlucht erheben sich die steilen Felswände 1000 Meter hoch. An einer Wegkreuzung folgen Sie den Wegweisern »Soaso/Refugio Góriz«. Dann (**10Min**) sehen Sie links die Route zum Circo de Cotatuero. Wenn Sie sich mehrere Tage in dieser Gegend aufhalten und *schwindelfrei* sind, lohnt sich dieser Weg!

Auf zunächst ebenem Weg wandern Sie unter dem dichten Laubdach eines herrlichen Buchenwaldes. Dann steigt der Weg sanft zur Cascada del Abanico an (**40Min**). Dahinter können die Kurzwanderer den Fluß überqueren. Von nun an führt der Weg steiler bergauf und verläßt schließlich den dichten Wald. Nun tut sich ein großartiger Ausblick auf: Oben die Wände der Schlucht, unten eine Reihe von Wasserfällen.

Schließlich (**1Std30Min**) verflacht sich der Weg; der schöne Río Arazas begleitet Sie nun zu Ihrer Rechten. Bald weitet sich das Tal und der riesige Monte Perdido erhebt sich vor Ihnen. Von einem Refugio (**2Std15Min**) kann man den Circo de Soaso nun deutlich sehen; er ist nurmehr rund 15 Minuten entfernt. Je weiter Sie sich dem Circo (einem eiszeitlich ausgeschürften Felsenhalbrund) nähern, desto mehr rückt auch die berühmte Cascada de Cola de Caballo links ins Blickfeld. Wie der Name schon sagt, sieht dieser Wasserfall genau wie ein Pferdeschwanz aus (**2Std 30Min**). Die Variante folgt nun der nachfolgenden Wegbeschreibung zum Refugio Góriz. Für die Hauptwanderung springt man im Text weiter bis zur Beschreibung des Rückwegs vom Circo de Soaso (2Std30Min-Stelle auf Seite 114).

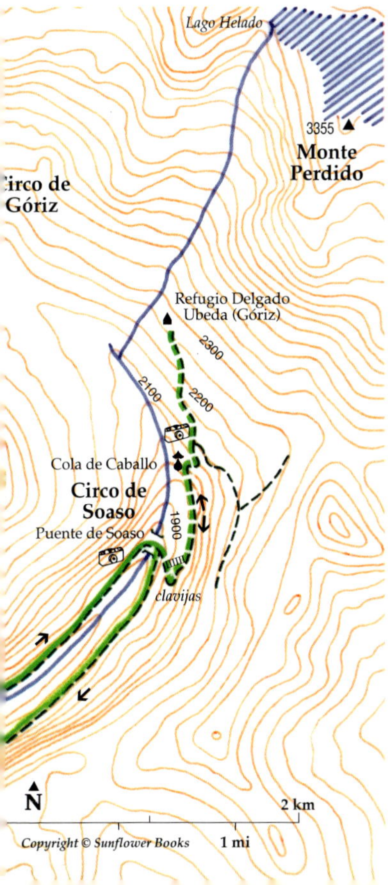

Es gibt zwei Aufstiegsrouten zum Refugio Górez. Überqueren Sie den Puente de Soaso und wählen Sie zwischen dem Geröllpfad, der an der Seite des Circo in Kehren nach Südosten ansteigt, und der direkten Route über die »Clavijas«. Ersterer sieht fast unmöglich aus, entpuppt sich aber lediglich als beschwerlich; letztere sieht wunderbar aus, ist aber ausgesprochen beängstigend!

Wenn Sie sich für

den Geröllpfad entscheiden, werden Sie sehen, daß der Routenverlauf aus der Ferne zwar nicht erkennbar ist, in Wirklichkeit aber sehr deutlich und in regelmäßigen Abständen mit rotweißen Farbstreifen markiert ist. Die Route über die Clavijas beinhaltet einen exponierten Steig an einer Kette entlang, die mit Haken und Draht am Fels befestigt ist. Diese Passage ist jedoch nicht wirklich schwierig; sollten Sie aber nicht schwindelfrei sein oder einen schweren Rucksack tragen, dann nehmen Sie lieber den Geröllpfad.

Beide Routen laufen weiter oben auf dem Circo wieder zusammen. Egal, welchen Weg Sie gewählt haben — Sie erreichen einen breiten Sims (3Std30Min), von dem Sie fast genau im Norden den Antennenmast des Refugio Góriz erblicken. Hier sieht man auch oft Gemsen; sie sind hier nicht so scheu wie in anderen Regionen der Pyrenäen, weil sie an Wanderer gewöhnt sind. Versuchen Sie aber nicht, näher an sie heranzukommen; das hetzt die Tiere nur unnötig und kostet sie wertvolle Energie. Steigen Sie weiter die Simse empor, ungefähr in Richtung der Antenne; achten Sie dabei auf die rot-weißen Farbstreifen (bei Schnee auch Fähnchen).

Allmählich nähern Sie sich dem in 2000 m Höhe am Fuße des Monte Perdido gelegenen Refugio. Schließlich erreichen Sie die Berghütte (4Std) und können hier einkehren — oder vielleicht sich in einem der Schlafräume auf einer Matratze erholen. Der Refugio ist das ganze Jahr über geöffnet; im Winter bringen die beiden Hüttenwirte die Lebensmittel und andere nötige Versorgungsgegenstände auf Skiern über den Cuello Gordo und den Weg nach Nerin herauf. Im Sommer platzt der Refugio allerdings oft aus allen Nähten.

Vom Circo de Soaso (**2Std30Min**-Stelle der Hauptwanderung) kehren Sie entlang der Faja de Pelay, einem der berühmten Felssimse der Schlucht, zum Parkplatz zurück. Der Pfad ist deutlich markiert und steigt allmählich vom Circo auf der gegenüberliegenden Talseite zum Hinweg an. Nach zehn Minuten (**2Std40Min**) kommt ein Schild, das vor einem Aufbruch nach 15 Uhr warnt — diesen schmalen Pfad sollte man nicht nach Einbruch der Dunkelheit begehen. Nach 18 Minuten (**2Std48Min**) verflacht sich der Pfad.

Es geht oberhalb des schäumenden Wasserfalls Gradas de Soaso mit seinen klaren grünen Wasserstellen vorbei (**3Std**). Danach beginnt der Pfad steiler anzusteigen. Achten Sie auf loses Geröll! Bald (**3Std10Min**) erhaschen Sie einen ersten, schwindelerregenden Blick auf den Parkplatz weit unten. Die großartige Wanderroute setzt sich durch Wälder mit Birken, Buchen und Kiefern fort, bis eine verfallene Schutzhütte und ein Aussichtspunkt kommen (**4Std36Min**). Sie stehen jetzt direkt oberhalb des Parkplatzes. Hier beginnt der unübersehbare Abstieg an Felsen vorbei und durch Wald hindurch. Vorsicht: Der Weg ist steil, steinig und stellenweise stark erodiert. Schließlich sind Sie wieder am Parkplatz (**5Std30Min**).

23 DER PIC D'ANIE

Siehe auch das Foto Seite 37 **Länge:** 10 km; 4Std40Min

Schwierigkeitsgrad: Mittelschwer; ungefähr 650 Höhenmeter Aufstieg

Ausrüstung: Keine besondere Ausrüstung erforderlich

An- und Rückfahrt: Der Ausgangspunkt ist nur mit dem 🚗 leicht erreichbar (Autotour 10: In Lescun folgt man der Ausschilderung zum Gîte d'étape und fährt auf einem schmalen, aber guten Fahrweg zu einem kleinen Parkplatz direkt vor dem Refuge de Labérouat weiter); andernfalls 🚌 von Lescun-Cette-Eygun (SNCF-Buslinie von Pau nach Canfranc); nähere Auskünfte unter Telefon Tarbes 0559390061. Weiterfahrt mit dem Taxi zum Refuge de Labérouat (etwa 12 km) oder zum Gîte d'étape de Lescun (etwa 9 km). Vom Gîte kommen 6 km bzw. 1Std30Min zur Gesamtlänge der Wanderung hinzu. Für Taxis ruft man die Tourist-Information an: 59347148. Das Taxi für die Rückfahrt zum Busbahnhof gleich bestellen!

Kurzwanderung: Man wandert nur bis zur Cabane du Cap de la Baigt und kehrt auf demselben Weg zurück (2Std).

Varianten

1 Von der Cabane du Cap de la Baigt geht man nicht auf dem linken (südwestlichen) Pfad weiter, sondert wandert nach rechts (Norden) zum Pas d'Azuns (45 Min.). Anschließend folgt ein etwas anspruchsvollerer, 30-minütiger Aufstieg (teilweise muß geklettert werden), der mit einem herrlichen Ausblick vom Pas d'Osque belohnt wird (1Std15Min von der Cabane aus).

2 Vom Col des Anies kann man den Pic d'Anie (2504 m) besteigen. Rote Wegzeichen begleiten diesen relativ leichten Aufstieg. Je zwei Stunden Auf- und Abstieg vom Paß.

Lescun ist von zauberhaftem Reiz — auch dank seiner Lage am Ende einer kurvenreichen Straße. Vom Ort schweift der Blick über Felder hinweg zu Nadelwäldern; im Westen erhebt sich die erstaunliche Kalksteinlandschaft um den Pic d'Anie. (Autotour 10 führt auf die andere Seite dieses Berges, wo die Kalksteinformationen noch unglaublicher sind.) Am faszinierendsten jedoch ist, daß der Braunbär hier irgendwo noch eine Heimstatt gefunden hat.

Blick vom Col des Anies nach Osten

Ausgangspunkt ist der Refuge de Labérouat. Gehen Sie auf der Vorderseite des Refuge vorbei und schließen Sie sich nach **2Min** den deutlichen rot-weißen Farbstreifen der GR10 an; alle anderen Wege bleiben unberücksichtigt. Der Wald öffnet sich gelegentlich, um Ausblicke auf das vor Ihnen liegende Hochgebirge und die bizarren Felswände der Orgues de Camplong auf der rechten Seite freizugeben. Unmittelbar hinter dem Wald (**55Min**) gehen Sie an der Cabane d'Ardinet vorbei. Wenn Sie in das Tal zurückblicken, durch das Sie gerade aufgestiegen sind, sehen Sie den berühmten Pic du Midi d'Ossau in der Ferne.

Folgen Sie weiter dem gutmarkierten Pfad, bis Sie auf 1689 m Höhe die Cabane du Cap de la Baigt erreichen (**1Std15Min**), wo Sie die GR10 verlassen. Man kann von hier auf demselben Weg in zwei Stunden zum Ausgangspunkt zurückkehren (Kurzwanderung).

Auf der Hauptwanderung wenden Sie sich nach links (Südwesten) und folgen dem linken Ufer des Baches (Sie bleiben also rechts davon). Nach sieben Minuten (**1Std22Min**) überqueren Sie den Bach und wandern 38 Minuten in Kehren bergauf (**2Std**), bis Sie eine flache Weide mit einem kleinen See erreichen. Links erhebt sich der Pic d'Anie.

Folgen Sie dem Pfad weitere zwei Minuten (**2Std02Min**), bis Sie einen großen gesprungenen Kalksteinklotz passieren. Ab hier steigt der Pfad steil nach rechts an und führt auf die Geröllhänge unterhalb des Pic du Soum Couy. Achten Sie auf kleine Steinmännchen und rot-weiße Streifen; Sie befinden sich jetzt auf der HRP. Nach etwa 35 Minuten (**2Std 37Min**) erreichen Sie den Col des Anies. Nach Westen bietet sich ein herrlicher Blick auf den Pic d'Arlas (2044 m).

Kehren Sie nun auf demselben Weg zurück. Nach gut zwei Stunden sind Sie wieder am Refuge de Labérouat (**4Std 40Min**).

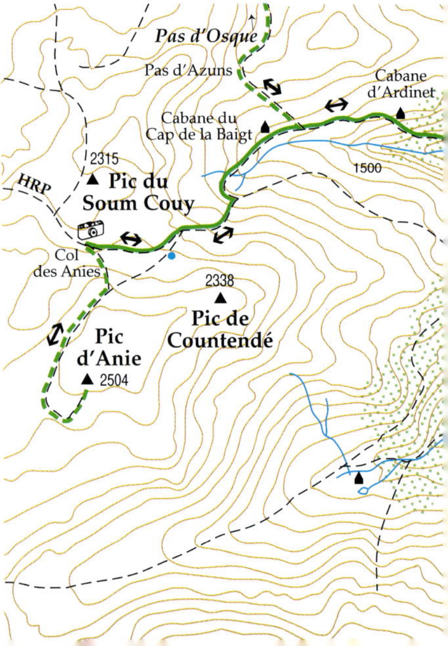

Oben: Les Orgues de Camplong in der Nähe des Refuge de Labérouat; unten: Am Pic de Countendé

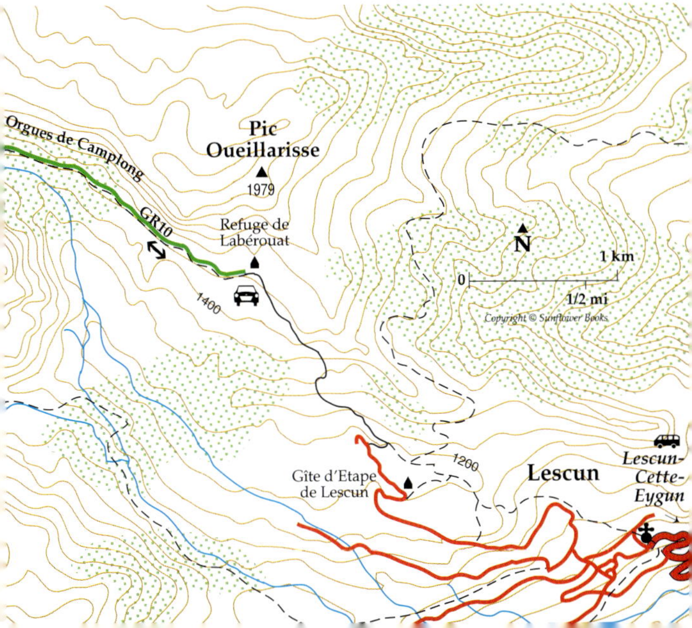

24 DAS ROLANDSLIED (BERG ASTOBIZKAR)

Länge: 8 km; 2Std30Min

Schwierigkeitsgrad: Leichter Anstieg über 250 Höhenmeter

Ausrüstung: Reisepaß, Trinkwasser; siehe auch »Wandern«, Seite 43.

Anfahrt: Taxi oder Auto (Autotour 11) von St-Jean-Pied-de-Port Richtung Col d'Arnostéguy (D428). Steigen Sie nach 16 km (bzw. etwa 1,5 km hinter der Abzweigung nach Arnéguy) aus, und zwar dort, wo die deutlich markierte GR65 rechts von der Straße abzweigt. Von St-Jean folgen Sie beim Hotel des Navarre den Schildern nach St Michel und Estérençuby; gleich danach folgen Sie rechts der Route du Maréchal Harispe (Ausschilderung »Chemin de St-Jacques«).

Rückfahrt: mit dem Auto oder einem vorbestellten Taxi vom Ausgangspunkt der Wanderung.
Oder Sie wandern die Straße nach St-Jean-Pied-de-Port hinab (Gesamtlänge der Wanderung dann etwa 24 km bzw. 8Std30Min).
Oder Sie schließen Wanderung 25 an und wandern nach Roncesvalles weiter (zusätzlich 1Std45Min).

Varianten

1 Folgen Sie Wanderung 25 (Anfahrt mit öffentlichen Verkehrsmitteln möglich) und schließen Sie am Berg Astobizkar diese Wanderung in umgekehrter Richtung an. Gehen Sie dann auf der Straße nach St-Jean-Pied-de-Port hinab (leicht, jedoch lang; Aufstieg über 550 Höhenmeter; Gesamtlänge etwa 24 km bzw. 9 Std.).

2 Wenn Sie kein Fahrzeug zur Verfügung haben, können Sie auch von St-Jean-Pied-de-Port beliebig lang die Asphaltstraße zum Col d'Arnostéguy wandern und dann umkehren. Die Landschaft ist wunderbar; man folgt dem historischen Pilgerweg nach Santiago de Compostela (dem »Chemin St-Jacques«). Leicht, aber teilweise steil.

Der Chemin St-Jacques, der jahrhundertealte Pilgerweg nach Santiago, folgt einer Route, die einst den Römern der Eroberung Nordspaniens diente. Nach dem Spanischen Krieg zogen sich die napoleonischen Truppen über diese Straße zurück. Vor allem aber geriet hier die Nachhut Karls des Großen nach der Eroberung Pamplonas in einen Hinterhalt. Sie werden die beiden Stellen kennenlernen, an denen diese Schlacht des mittelalterlichen Rolandslieds höchstwahrscheinlich stattgefunden hat.

Zunächst biegen Sie von der Asphaltstraße nach rechts (Westen) auf einen deutlichen Weg und folgen den rot-weißen Streifen der GR65. Hinter einem natürlichen Felsentor (**10Min**) setzt sich ein deutlicher Weg waagerecht direkt oberhalb des Waldes fort. Sie folgen nun dem Grenzverlauf und gelangen nach fünf Minuten (**15Min**) zu Grenzstein 198. Fünf Minuten

Das Rolanddenkmal am Puerto de Ibañeta

später, direkt hinter Grenzstein 199, wenden Sie sich nach rechts und wechseln nach Spanien über; hier könnte die Schlacht stattgefunden haben.

Folgen Sie diesem Weg noch 15 Minuten (**35Min**), bis Sie links die stark verfallene Kapelle von Elizaxare sehen. Rechts steht ein kleiner Unterstand mit einem Schafpferch davor.

Der Hauptweg führt in südwestlicher Richtung weiter und steigt dabei zwischen zwei Bergen etwas zum rechten Berg hin an. Verlassen Sie den Weg und steigen Sie nach rechts zum Gipfel des Astobizkar (1506 m) auf (**1Std45Min**). Schauen Sie nach Südwesten zum Puerto de Ibañeta (Foto Seite 39): Sie blicken nun über die Stelle hinweg, wo die Schlacht am wahrscheinlichsten stattgefunden hat. Hier hat der sterbende Roland der Sage nach versucht, sein Schwert Durandel zu zerbrechen, damit kein Feind es je benutzen könne (dabei entstand die Brèche de Roland; siehe Wanderung 18 und das Foto Seite 100-101).

Kehren Sie auf demselben Weg* zurück (**2Std30Min**) oder folgen Sie Wanderung 25 nach Roncesvalles (zwei Stunden).

*Um den Rückweg etwas abzuändern, können Sie kurz vor der Grenze nach rechts zur Südseite eines Berges abzweigen, dem Grenzverlauf folgen und am Col d'Arnostéguy wieder auf die Straße stoßen. Hinter dem Paß kann man das Monument d'Urculu besichtigen; es handelt sich dabei um einen rätselhaften Bestattungsturm (vermutlich 1500 v.Chr.). Folgen Sie danach der Straße zum vorbestellten Taxi oder zum Auto (3Std30Min) oder wandern Sie nach St-Jean (8Std30Min) hinab.

25 RONCESVALLES

Siehe die Fotos auf Seite 39 und 118

Länge: 11 km; 2Std55Min

Schwierigkeitsgrad: Leicht; Aufstieg über 550 Höhenmeter

Ausrüstung: Keine besondere Ausrüstung erforderlich; siehe jedoch die Einleitung zum »Wandern«, Seite 43.

An- und Rückfahrt: oder Taxi nach Roncesvalles und von hier wieder zurück. Auskunft über öffentliche Verkehrsmittel und Taxis beim Fremdenverkehrsamt in Pamplona, Telefon 948220741.
oder (Autotour 11; parken Sie in Roncesvalles)

Kürzere Wanderung: Kehren Sie am Puerto de Ibañeta oder an einer anderen beliebigen Stelle um.

Variante: Schließen Sie Wanderung 24 an, um auf dem alten Pilgerweg nach St-Jean-Pied-de-Port in Frankreich zu wandern (Paß nicht vergessen!). Leicht, aber lang; Aufstieg über 550 Höhenmeter; Gesamtlänge etwa 24 km bzw. 9 Std.

Burguete war einstmals der Lieblingsort Ernest Hemingways. In seinem frühen Roman *Fiesta* ist beschrieben, wie er zum ersten Mal »die roten Dächer und die weißen Häuser Burguetes erblickte... und etwas entfernt davon, an die Schulter des ersten dunklen Berges gelehnt... das graue, metallgedeckte Dach des Klosters Roncesvalles«. In Roncesvalles (franz. »Roncevaux«) werden angeblich Erinnerungsgegenstände jener berühmten Schlacht verwahrt, die im mittelalterlichen Rolandslied besungen wird; die Nachhut Karls des Großen wurde damals vollständig aufgerieben. Gegenüber dem Kloster, auf der anderen Seite der Hauptstraße, gibt es ein ausgezeichnetes Besucherzentrum mit einer Ton-Bild-Schau der Geschichte von Roncesvalles.

Ausgangspunkt ist die Posada in Roncesvalles. Folgen Sie dem gepflasterten Weg an dem rechts abzweigenden Weg vorbei. Sie wandern auf einem deutlichen Pfad nach Norden im Tal entlang; rechts fließt die Arranosina.

Etwa **10Min** nach dem Kloster lenken Wegzeichen Ihre Schritte links einen Weg hinauf; er führt vom Fluß weg. Bald taucht links ein neuer Bach auf, den Sie an einer Furt durchqueren (**20Min**). Nach vier Minuten mündet ein breiterer Weg ein: Gehen Sie geradeaus weiter aus dem Wald hinaus auf die öden Hochflächen des Puerto de Ibañeta. Hier stehen die Kapelle San Salvador und das auf Seite 118 abgebildete Rolanddenkmal auf der Anhöhe (**30Min**). Es gibt auch ein faszinierendes Schutzzentrum für Zugvögel — tief ergreifend angesichts der zahlreichen Tauben- und Singvögelschießstände, die man im Laufe des Tages sehen wird.

Die Legende erzählt, daß irgendwo entlang der bewaldeten Hohlwege, durch die Sie gerade gewandert sind, die unter Rolands Kommando stehende Nachhut Karls des Großen von den Mauren überfallen und bis auf den letzten Mann niedergemetzelt wurde. Tatsächlich aber waren es nicht Mauren, sondern Basken aus Pamplona, deren Stadt Karl der Große erobert hatte. Es ist also schon verwunderlich, ausgerechnet hier

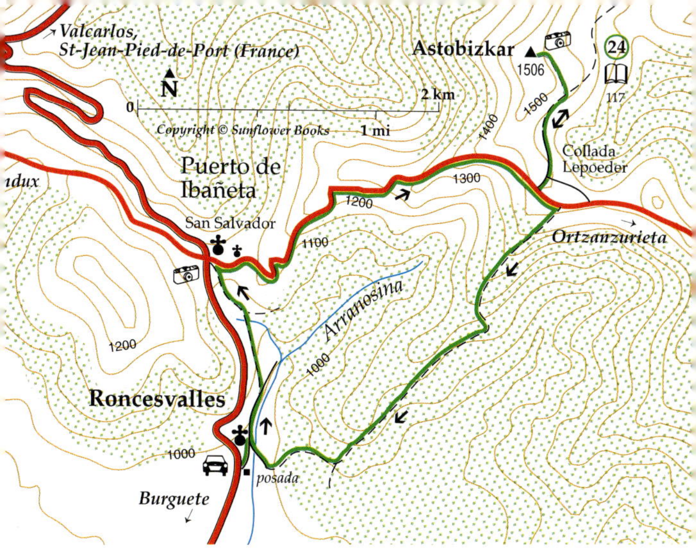

am Paß ein Denkmal zu Rolands Ehren vorzufinden.

Bei der Kapelle weist Sie ein Schild (»Monte Ortzanzurieta«) nach rechts (Osten) auf eine schmale Asphaltstraße. Wandern Sie nun knapp 4 km auf dieser Straße entlang (**1Std30Min**), bis Sie links auf einen sich verschlechternder Weg abbiegen, der nach Norden ansteigt und durch die Collada Lepoeder zum Astobizkar führt.

Den Gipfel (1506 m) erreichen Sie, indem Sie etwas links vom Weg aufsteigen (**2Std**). Hier können Sie Wanderung 24 anschließen, die von der französischen Seite durch den Col de Bentarte (auch hier könnte die Schlacht stattgefunden haben) heraufführt. Genießen Sie das umfassende Panorama!

Um nach Roncesvalles zurückzukehren, gehen Sie auf demselben Weg zur Asphaltstraße direkt hinter der Collada Lepoeder zurück. Statt nun nach rechts zum Puerto de Ibañeta zu gehen, biegen Sie nach links. Sogleich (**2Std05Min**) biegen Sie rechts auf einen Weg, der gut mit gelben Pfeilen und rot-weißen Streifen markiert ist; gelegentlich ist auch die Jakobsmuschel zu sehen, das offizielle Zeichen des berühmten Pilgerwegs nach Santiago de Compostela. Wandern Sie 40 Minuten im Wald bergab und biegen Sie dann nach rechts (**2Std45Min**), um zehn Minuten später wieder in Roncesvalles anzukommen (**2Std55Min**).

26 DER IPARLA-RÜCKEN

Siehe auch die Fotos auf Seite 9 und 41

Länge: 16 km; 5Std20Min; für Autofahrer 4Std20Min

Schwierigkeitsgrad: Mittelschwerer Aufstieg über 700 Höhenmeter

Ausrüstung: In dieser Region kommt leicht Nebel auf; siehe die Einleitung zum »Wandern«, Seite 43.

Anfahrt: 🚂 nach Bidarray (Pont Noblia; SNCF-Linie von Bayonne nach St-Jean-Pied-de-Port): Telefon 0836265050;
oder 🚗 (Autotour 12); Parken Sie an der Mairie in Bidarray (Pont Noblia).

Rückfahrt: 🚂 von Bidarray (Pont Noblia) oder mit dem Auto

Kurzwanderung/Variante: Wandern Sie zu dem Gedenkkreuz für Jean und dann wieder auf demselben Weg zurück (3Std30Min; Schwierigkeitsgrad wie oben); für die Besteigung des Pic d'Iparla kommen noch 2 Std. bzw. 250 Höhenmeter hinzu (Schwierigkeitsgrad wie oben).

Die Besteigung des Iparla-Bergrückens, der Heimat von Schwarz- und Gänsegeiern, gehört zu den klassischen Touren im Baskenland. Diese kontrastreiche Rundwanderung bietet hinreißende Ausblicke und stille Abgeschiedenheit in den Tälern von Regata Urrizate und Bastan. Da unterwegs ein bis zwei kritische Stellen zu meistern sind, sollte man die Tour nicht bei schlechtem Wetter unternehmen.

Ausgangspunkt ist der Bahnhof von Bidarray (Pont Noblia). Auf der neuen Brücke überqueren Sie den Fluß, biegen nach links (Ausschilderung »Mairie, Eglise, P&T«) und wandern nun stetig bergan. Es geht an der Kirche (mit halbrundem Ende; links), dann dem unverwechselbaren rosafarbenem Fronton (dem Platz, auf dem das baskische Pelotaspiel ausgetragen wird) und der Mairie vorbei (**30Min**). Autofahrer sollten hier parken und bei den folgenden Gehzeiten jeweils 30 Minuten abziehen.

Gleich hinter der Mairie gabelt sich die Straße. Sie gehen links weiter und halten sich dabei links vom Gîte d'étape. (Auf der anderen Straße werden Sie später zurückwandern.) Nach ein paar Minuten teilt sich die Straße abermals. Gehen Sie nach rechts leicht bergauf; es geht bald an einer Rechtsabzweigung vorbei (etwa **37Min**). Dann (**40Min**) folgen Sie einem roten Fußweg-Pfeil nach rechts, bis Sie zu einem großen Bauernhaus namens Urdabordia gelangen, wo die Asphaltstraße endet (**45Min**). Hier geht es auf einem breiten Erdweg weiter, der am Bauernhaus und an einem GR10-Naturschutzschild vorbei nach links schwenkt. Der Weg führt durch den Hof und danach nach rechts; er verwandelt sich in einen steil ansteigenden Pfad.

Schließlich (**1Std**) kommen Sie an der ersten einer Reihe »falscher« Rechtsabzweigungen vorbei (das sind lediglich von Tieren und Wasser geschaffene Wege!). Bleiben Sie auf Ihrem Pfad, der stellenweise über massiven Fels führt. Folgen Sie den Farbzeichen bis zu einer Ruine (**1Std10Min**). Die Route ist nun gut gekennzeichnet: Durch Wälder und eine Wiesensenke geht es zu einer Erhebung des Bergrückens mit Rundumblick hinauf (**2Std15Min**). Wenn Sie eine gewisse »Exponiertheit« nicht scheuen, dann wandern Sie den Pfad am Felsrand entlang weiter. Andernfalls halten Sie sich ein wenig vom Abgrund entfernt.

Auf einem breiten Wiesenhang (**2Std25Min**) haben Sie drei Wahlmöglichkeiten: Sie können auf demselben Weg zurückkehren (1Std30Min), über den Col d'Iparla den Pic d'Iparla besteigen (1044 m, hin und zurück 2 Std.) oder der nachfolgenden Wegbeschreibung ins Urrizatetal folgen.

Etwas rechts von dem Pfad, den Sie heraufgekommen sind, werden Sie ein kleines Steinkreuz inmitten der Wiese entdekken. Es ist ein rätselhafter Gedenkstein für einen jungen Mann namens Jean. Sie gehen von diesem Steinkreuz aus in Richtung Nordwesten auf eine Felsanhäufung zu (wo man gerade noch einige verfallene Hütten erkennen kann). Gehen Sie zunächst bergab auf die Felsen zu, lassen Sie sie dann aber weit links liegen. Halten Sie sich rechts von einer kleinen Ruine (**3Std05Min**) und folgen Sie dem unter Umständen farnüberwachsenen Pfad. Sie kommen an einigen weiteren Ruinen und merkwürdig geformten Felsen vorbei; achten Sie stets darauf, daß Sie einem bergabführenden Pfad folgen. Dann (**3Std15Min**) überqueren Sie einen kleinen Bach auf Trittsteinen. Weit unten im Nordosten sind die leicht erkennbaren Tanks der Fischfarm von Bidarray zu sehen. Der Pfad führt nun deutlich nach links (Nordwesten) hinunter, bis Sie schließlich eine kleine Erhebung erklimmen (**3Std25Min**). Vor Ihnen liegt ein deutlich umrissenes dreieckiges Feld mit zwei Scheunen.

Scheune mit rotem Dach (nach 3Std35Min Gehzeit)

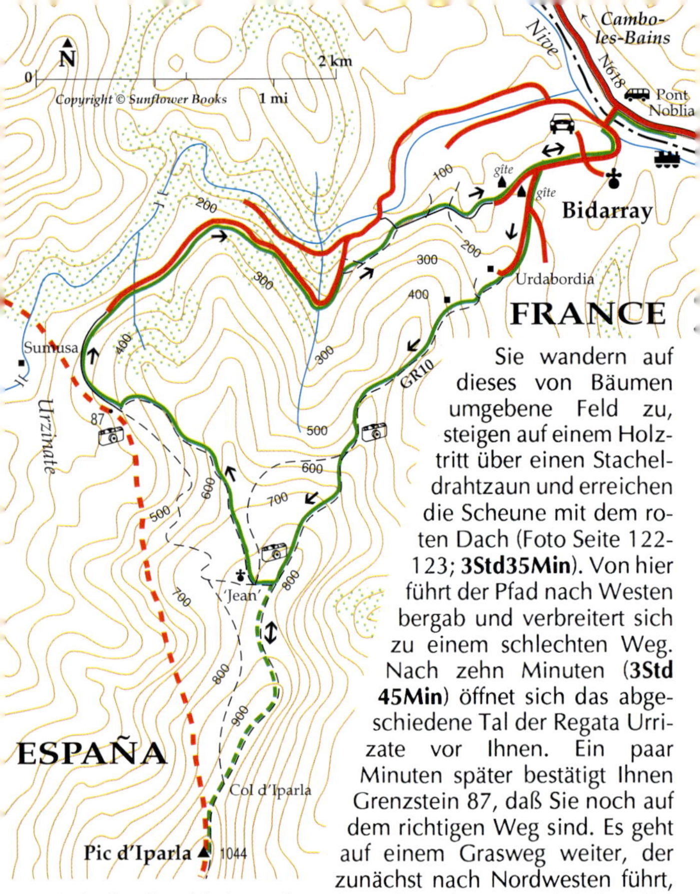

Sie wandern auf dieses von Bäumen umgebene Feld zu, steigen auf einem Holztritt über einen Stacheldrahtzaun und erreichen die Scheune mit dem roten Dach (Foto Seite 122-123; **3Std35Min**). Von hier führt der Pfad nach Westen bergab und verbreitert sich zu einem schlechten Weg. Nach zehn Minuten (**3Std 45Min**) öffnet sich das abgeschiedene Tal der Regata Urrizate vor Ihnen. Ein paar Minuten später bestätigt Ihnen Grenzstein 87, daß Sie noch auf dem richtigen Weg sind. Es geht auf einem Grasweg weiter, der zunächst nach Nordwesten führt, jedoch allmählich nach rechts schwenkt. Dann (**3Std55Min**) erscheint links unten im Tal am Zusammenfluß von Regata Urrizate und Bastan der Bauernhof Sumusa.

An dem links abzweigenden Weg vorbei, der zum Bauernhof hinabführt, gehen Sie zu einer Asphaltstraße weiter (**4Std**). Folgen Sie der Straße an einigen Häusern und Scheunen vorbei 2 km nach rechts. Überqueren Sie eine kleine Brücke, hinter der ein Pfad schräg nach rechts abzweigt (**4Std30Min**). Nehmen Sie diesen anfangs grasigen Pfad. Nach drei Minuten mündet er auf einen besseren Weg ein. Folgen Sie ihm nach rechts; in vier Minuten werden Sie die rot-weißen Streifen der GR10/HRP entdecken, die vom linken Tal heraufkommt. Eine Minute später nehmen Sie an einer Verzweigung den oberen Pfad. Vier Minuten danach gehen Sie an den Abzweigungen nach rechts und links vorbei. Wandern Sie geradeaus weiter, um wieder auf eine Asphaltstraße zu stoßen (**4Std42Min**). Bald darauf wandern Sie rechts an einem Gîte d'étape vorbei. Nach sieben Minuten auf der Asphaltstraße biegen Sie rechts auf eine breitere Straße. Folgen Sie ihr zu einem zweiten Gîte — jener Herberge, an der Sie zu Beginn der Wanderung vorbeigekommen sind (**4Std50Min**). Kehren Sie nun zum Bahnhof zurück (**5Std20Min**).

27 RUNDWANDERUNG VON BIRIATOU AUS

Länge: 16 km; 4Std30Min

Schwierigkeitsgrad: Mittelschwerer Aufstieg über 450 Höhenmeter

Ausrüstung: Trinkwasser; siehe auch die Einleitung zum »Wandern«, Seite 43.

Anfahrt: 🚆 nach Hendaye (Bahnlinie Toulouse — Bayonne — Biarritz — St-Jean-de-Luz), Telefon 0836353535. Weiterfahrt vom Bahnhof mit dem Taxi nach Biriatou;
oder 🚗 (Autotour 12, Parkplatz in Biriatou).

Rückfahrt: 🚗 mit dem Taxi von Biriatou zum Bahnhof von Hendaye oder mit dem Auto.

Varianten: Für dieses Gebiet sind drei Wanderungen beschrieben. Mit Hilfe der Karte auf Seite 126-127 sowie den Wanderbeschreibungen 28 und 29 können Sie eigene Touren zusammenstellen.

Das Bergdorf Biriatou ist für seine herrliche Kirche berühmt, die vom französischen Denkmalschutz als »Bauwerk von vorrangiger Bedeutung« eingestuft wurde. Ungewöhnlich ist auch die Lage des Fronton (dem Platz für das Pelota-Spiel) direkt neben der Auberge des Dorfes.

Ausgangspunkt ist der Parkplatz. Gehen Sie zur Kirche und dem Fronton neben der Auberge Hiribarren hinauf (Spieler und Bälle bewegen sich gleichermaßen blitzartig; Vorsicht, falls gerade ein Spiel stattfindet!). Folgen Sie der Gasse neben der Auberge und biegen Sie links auf eine Asphaltstraße. Ein örtliches Wanderschild mit der Aufschrift »Ibardin«, das nach rechts weist, ist für Sie *nicht* maßgeblich! Diese blau-weißen Wegzeichen für Spaziergänge werden Ihnen allerdings den ganzen Tag über immer wieder begegnen.

In einer scharfen Kurve (**8Min**) biegen Sie rechts auf den Pfad, der gut mit blau-weißen und rot-weißen Farbstreifen markiert ist. Dieser Pfad verzweigt sich sogleich: Nehmen Sie den ansteigenden Pfad (wiederum mit blau-weißen und rot-weißen Farbstreifen markiert; außerdem ein Holzschild mit der Beschreibung einer kleineren Tour namens »La Lancette«).

Dann (**12Min**) folgen Sie dem Pfad nach rechts, wo er sich verengt und an einer Wasserpumpstation aus Beton vorbeiführt. Vor Ihnen liegen die Felswände des Rocher des Perdrix (»Wachtel-Fels«) — eine ursprüngliche Landschaft, deren Wildheit lediglich durch die riesigen Strommasten beeinträchtigt wird. Direkt unter einem solchen Hochspannungsmast verzweigt sich der Pfad (**20Min**). Gehen Sie den deutlich markierten und ziemlich steinigen Pfad bergauf. Nach wenigen Minuten schwenkt dieser Pfad nach rechts, um am Fuße der Felswände entlangzuführen. Der Pfad ist mal erdig, mal steinig; häufig ist Konglomeratgestein zu sehen, das aus zusammengebackenem Geröll besteht.

Schließlich (**40Min**) verzweigt sich der Fußweg abermals. Gehen Sie nach links bergauf; Sie folgen nun den rot-weißen Farbstreifen der GR10/Haute Route Pyrénées. Dann (**1Std**) gelangen Sie auf ein weites Wiesenplateau namens Col d'Osin. Gehen Sie ziemlich geradlinig über den Paß. Links öffnet sich

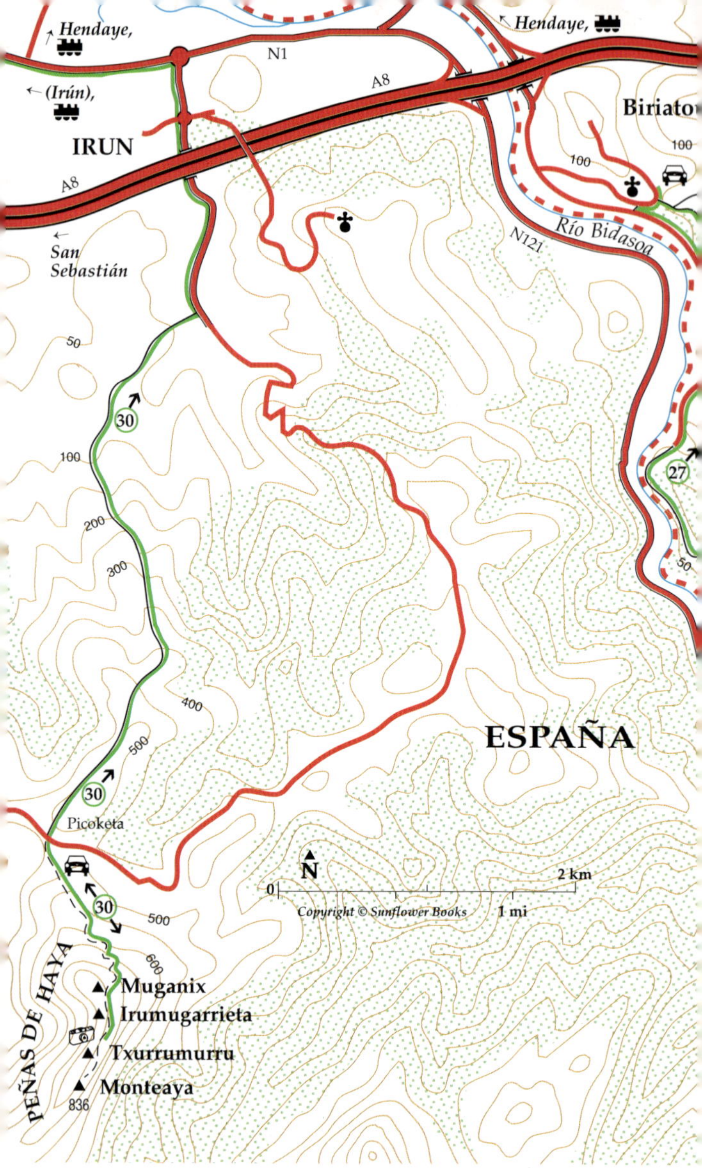

der Blick auf einen (manchmal ausgetrockneten) See.

Bald (**1Std10Min**) erreichen Sie den Col des Poiriers (Foto Seite 129). Wer nur eine kurze Wanderung machen will, kann nun links abbiegen und zum See hinuntergehen, dort eine Rast einlegen und anschließend auf demselben Weg zurückkehren. Die Hauptwanderung verläuft hingegen auf dem Pfad weiter, der direkt links an der kleinen Lärchenwaldung vorbeiführt (der mit »Lancette« ausgeschilderte Weg bleibt unbeachtet). Der markierte Pfad führt dicht an den Wald heran und steigt 15 Minuten an (**1Std25Min**), bis er zu einer deutlichen, hufeisen-

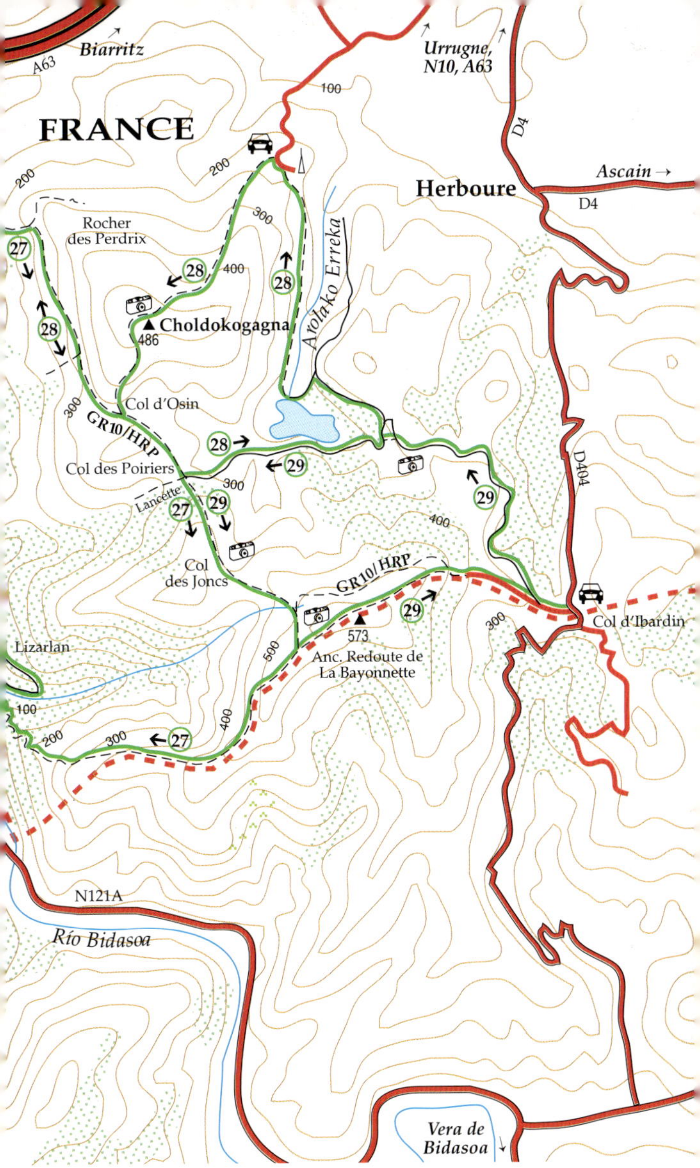

förmigen Senke namens Col des Joncs führt. Hier bietet sich ein neuer Ausblick nach Süden zum Fluß Bidasoa (franz. Bidassoa).

Schließlich (**1Std40Min**) biegt die rot-weiß markierte GR10/ HRP scharf nach links; Sie jedoch folgen einem neuen Pfad nach rechts und überqueren sogleich einen kleinen Bach. Folgen Sie nun diesem Pfad, bis Sie zu einem beeindruckenden Bergrücken mit herrlichem Rundblick gelangen (**1Std50Min**). Die Wanderung führt nach rechts weiter; wer sich jedoch für Militärgeschichte interessiert, kann zuvor einen zehnminütigen Abstecher nach links machen, um die Ancien Redoute de la

Wanderung 27, 28 und 29: Oben: Felder bei Biriatou; Seite 129: Am Col des Poiriers.

Bayonnette zu besichtigen. In der Nähe dieser Festungsschanze befindet sich Grenzstein 8; hier kann man mit einem Bein in Frankreich und mit dem anderen in Spanien stehen (siehe das Foto auf Seite 131). Kehren Sie danach wieder zu der Abzweigung auf dem Bergrücken zurück und folgen Sie dem Grat Richtung Südwesten ins Tal und zum Fluß Bidasoa hinab.

Beim Abstieg werden Ihnen einige gute Fahrwege auffallen, die von der spanischen Seite einmünden. Wie verlockend diese Wege auch immer sein mögen: Sie bleiben auf dem blau-weiß markierten Pfad und erreichen eine alte Ruine (**2Std25Min**). Es geht noch etwa fünf Minuten sanft bergab bis zu einer Eichenpflanzung (**2Std30Min**). Nun fällt der Pfad steiler bergab; er wird stellenweise sogar recht schwierig. An den Bäumen befinden sich Farbstreifen zur Wegmarkierung.

Am unteren Ende des Pfades muß man eventuell einen Zaun übersteigen; man kann dazu entweder einen Zauntritt benutzen oder muß hinüberklettern. Sie folgen dann einem Fahrweg nach rechts, der sogleich an einer Furt einen Bach durchquert. Gehen Sie weiter den Weg links am Bach entlang. Er verläuft zunächst auf ebener Strecke, steigt jedoch bald in Kehren zu einem Bauernhof namens »Lizarlan« an (**3Std30Min**). Von dort geht es zu einer Asphaltstraße weiter (**4Std**). Schließlich (**4Std20Min**) kennzeichnen rechts blau-weiße Farbstreifen einen schmalen Pfad, der schräg zwischen den Bäumen von der Straße ansteigt. Auf ihm kommen Sie wieder zur Kirche und zum Parkplatz in Biriatou zurück (**4Std30Min**).

28 BERG CHOLDOKOGAGNA

Siehe die Karte auf Seite 126-127; siehe auch das Foto gegenüber

Länge: 15 km; 4Std10Min

Schwierigkeitsgrad: Leichte Anstiege über insgesamt 600 Höhenmeter

Ausrüstung: Keine besondere Ausrüstung erforderlich; siehe jedoch die Einleitung zum »Wandern«, Seite 43.

An- und Rückfahrt: 🚂 nach Hendaye; Weiterfahrt mit dem 🚗 Taxi oder dem Auto nach Biriatou (siehe Wanderung 27). Man kann die Wanderung um 2,5 km bzw. 1 Std. verkürzen, indem man am Col d'Ibardin loswandert: Folgen Sie *Wanderung 29*, biegen Sie jedoch nach rechts, wenn Sie wieder auf den Weg hinter dem Abkürzungspfad gelangen (ungefähr die 27Min-Stelle).

Varianten: Siehe Wanderung 27

Der höchste Gipfel des Baskenlandes, La Rhune, wurde durch die Zahnradbahn und Rundfunkmasten für Wanderer leider verschandelt. Folgen Sie deshalb lieber unserem Tourenvorschlag: Er führt durch abwechslungsreiche Landschaft zu einem Aussichtspunkt mit herrlichem Panoramablick.

Blick vom Col d'Osin auf den Berg La Rhune (Wanderung 27 und 28)

Folgen Sie Wanderung 27 bis zum Col des Poiriers (**1Std 10Min**). Nehmen Sie am Paß den linken Weg zum See hinunter und folgen Sie ihm durch die Baumpflanzungen hindurch am Südufer entlang. Der Weg steigt an und mündet in einen guten Weg von rechts ein (**1Std45Min**). Biegen Sie nach links und folgen Sie diesem neuen Weg acht Minuten (**1Std53Min**), bis ein weiterer Weg kommt, der schräg nach links hinten auf den Staudamm zuläuft. Gehen Sie diesen Weg bis zum Staudamm (**1Std58Min**), überqueren Sie ihn und nehmen Sie danach den Weg nach rechts (Norden). Dieser Weg verläuft oberhalb des Flusses Arolako Erreka an der Talseite entlang. Zunächst führt der Weg bergab, dann jedoch steigt er zu einem Radiomast auf einem Bergrücken an. 30 Minuten nach dem Staudamm sind Sie oben (**2Std30Min**).

Überqueren Sie den Bergrücken und wenden Sie sich vor dem Mast nach links. Auf der anderen Seite geht es zur Asphaltstraße hinab. Folgen Sie der Asphaltstraße um eine Haarnadelkurve vom Radiomast weg; Sie gelangen auf einen grasigen Parkplatz (**2Std35Min**). Hier stehen gleich mehrere Wege zur Auswahl, und die Abwesenheit von Wegzeichen macht die Verwirrung auch nicht geringer. Ihr Pfad führt in süd-südwestliche Richtung vom Parkplatz weg. Er steigt zu einem Berggipfel (Choldokogagna) an, hält sich dabei jedoch auf der rechten Seite des Grats. Von Anfang an sehen Sie blau-weiße Farbzeichen auf dem Boden; sollten Sie nach drei bis vier Minuten noch nicht darauf gestoßen sein, dann sind Sie auf dem falschen Pfad.

Folgen Sie den Farbmarkierungen, bis Sie 45 Minuten nach dem Parkplatz den abgerundeten Choldokogagna-Gipfel (486 m) erreichen (**3Std20Min**). Genießen Sie die Aussicht zum Meer und landeinwärts auf den Berg La Rhune und noch weiter in die Ferne. Dann steigen Sie auf einem deutlichen Pfad in südöstlicher Richtung zum Col d'Osin ab (**3Std30Min**). Sie gelangen wieder auf die Route, auf der Sie von Biriatou gekommen sind, wenden sich nach rechts und kehren zurück (**4Std10Min**).

29 COL D'IBARDIN

Siehe Karte auf Seite 126-127; siehe auch Fotos auf Seite 128 und 129

Länge: 8 km; 2Std15Min

Schwierigkeitsgrad: Leichter Aufstieg über 200 Höhenmeter

Ausrüstung: Keine besondere Ausrüstung erforderlich

An- und Rückfahrt: Der Col d'Ibardin ist ein Klein-Andorra an der französisch-spanischen Grenze und folglich ein beliebtes Wochenendziel der Franzosen zum Einkaufen. Sie können daher mit dem Ausflugsbus (🚌), mit dem Taxi oder im eigenen Auto (🚗) kommen: Entweder auf der D4 und der D404 von dem Küstenstreifen zwischen Hendaye und St-Jean-de-Luz (über Urrugne und Herbore) oder von der spanischen Seite auf der Straße, die über Vera de Bidasoa heraufführt (Autotour 12).

Varianten: Siehe die Variante von Wanderung 27, Seite 125.

Der Col d'Ibardin liegt auf der berühmten Haute Route Pyrénées, aber wir schlagen eine einfache Wanderung vor, die jedermann mit Genuß bewältigen kann. Sie führt durch herrliche Pflanzungen und rund um einen See.

Direkt vor den Läden der Hauptgeschäftsstraße (Sackgasse) am Col d'Ibardin zweigt rechts ein ausgezeichneter Weg ab. Für Fahrzeuge ist er mit einer Kette gesperrt (sonst könnte man hier herrlich den französischen Zoll umfahren...), Wanderer dürfen jedoch passieren. **Nun geht es los.** Nach fünf Minuten gelangen Sie zu einem etwas übervölkerten Rastplatz.

Der ebene Weg schlängelt durch großartige, wenn auch etwas allzu regelmäßige Pflanzungen und führt später an einem schönen Eichenwald entlang. Dann (**25Min**) können Sie zum ersten Mal einen Blick auf einen See werfen. Eine Minute später kennzeichnet ein blau-weißer Pfeil links eine Abkürzung. Nach etwa zwei Minuten gelangen Sie wieder auf den Weg, folgen ihm nach links und wandern, den See zur Rechten, zwischen den Anpflanzungen weiter. Nach dem See erreichen Sie schließlich den Col des Poiriers (**1Std**); hier treffen Sie auf die Wanderungen 27 und 28.

Nun treten Sie den Rückweg zum Col d'Ibardin an: Biegen Sie am Col des Poiriers nach links, gehen Sie am Lärchenwald entlang und folgen Sie Wanderung 27 bis zur Redoute de la Bayonnette (**1Std50Min**). Wandern Sie dann von der Redoute immer mehr oder weniger auf dem Bergrücken entlang nach Nordosten, bis Sie schließlich wieder in die Einkaufsstraße am Col d'Ibardin gelangen (**2Std15Min**).

Wanderung 27 und 29: Blick von der Ancien Redoute de la Bayonnette nach Süden auf die Peñas de Haya in Spanien.

30 DIE PEÑAS DE HAYA

Siehe die Karte auf Seite 126-127; siehe das Foto auf Seite 128

Länge: 13 km; 4 Std. (für Autofahrer nur 5 km; 1Std45Min)

Schwierigkeitsgrad: Mittelschwerer Aufstieg über 300 Höhenmeter

Ausrüstung: Wanderstiefel; siehe auch »Wandern«, Seite 43.

Anfahrt: nach Irún (RENFE-Bahnlinie von Pamplona über San Sebastián); RENFE-Auskunft unter Telefon 948126981. Weiterfahrt vom Bahnhof Irún mit dem Taxi zum Paß »Picoketa« (490 m) am Fuße der Peñas de Haya. Steigen Sie hier möglichst an dem nachstehend erwähnten Parkplatz aus;
oder (Autotour 12): Autofahrer, die sich Irún auf der N1 von der französischen Grenze aus nähern, biegen am ersten Kreisel nach links und fahren am zweiten Kreisel, der kurz danach kommt, geradeaus weiter. Man passiert Barrio Meaka und fährt noch 5 km an Abzweigungen vorbei weiter, bis die Straße, die in Richtung des Gipfels der Peñas de Haya angestiegen ist, wieder bergabführt und unter einer Stromleitung hindurchführt. Hier stellt man das Auto ab und wandert los. (Achtung: Parken Sie nicht aus Versehen unter einer anderen Stromleitung, die Sie bereits 3 km zuvor passieren!)

Rückfahrt: Wandern Sie zum Bahnhof von Irún zurück; wer mit dem Auto gekommen ist, erreicht wieder den Parkplatz.

Kurzwanderung: Autofahrer, die auf dem empfohlenen Parkplatz die Tour beginnen, haben die Wanderung bereits auf 1Std45Min abgekürzt. Falls Sie jedoch über kein Auto verfügen, bestellen Sie einfach ein Taxi zum Picoketa-Paß; die Wanderung verkürzt sich so um gut zwei Stunden.

Variante: Wer motorisiert ist und eine längere Wanderung unternehmen möchte, sollte sich die Informationstafel auf dem Parkplatz ansehen. Hier sind einige kürzlich markierte Routen mit Karten dargestellt. Die Route Nr. 15 »Aiako Harria«, eine Rundwanderung über alle Gipfel, wurde von Lesern empfohlen.

Eine großartige und weithin sichtbare Gebirgsformation, die bei den Franzosen »Trois Couronnes« (»Drei Kronen«) heißt, liegt auf der spanischen Seite der Grenze und wird dort »Peñas de Haya« genannt. Falls Sie unseren Wanderungen bereits vom Mittelmeer herauf gefolgt sind, ist dies ein krönender Abschluß Ihrer Touren; wenn Sie jedoch vom Atlantik kommen, dann sind die Peñas de Haya ein dramatischer Vorgeschmack zukünftiger Abenteuer..

Ausgangspunkt ist der Parkplatz. Steigen Sie rechts vom Strommast in Richtung der Gipfel an. Hinter einem Bunker (**12Min**) folgen Sie dem ausgetretenen Pfad in Kehren zum ersten, kleineren Gipfel namens Muganix empor (786 m; **30Min**). Vom Muganix geht es bergab und auf dem Bergrücken entlang weiter. Der Pfad ist gelegentlich mit rot-weißen Streifen markiert. Es geht durch ein Gebiet mit steilen Felsen; das Erdreich ist vielfach abgeschwemmt, so daß sich Höhlen gebildet haben. Dann (**40Min**) teilt sich der Pfad: Sie steigen auf felsigem Untergrund an, der leicht zu bewältigen ist, und erreichen den nächsten Gipfel (**45Min**). Ein Schrein trägt die Inschrift »Monte Irumugarrieta, 806 m«.

Um auf dem Bergrücken weiterzuwandern, steigen Sie wieder den Fels hinab und folgen nun dem unteren Pfad zum Monte Txurrumurru hinauf (826 m, **1Std**). Hier bietet sich eine herrliche Aussicht. *Erfahrene und schwindelfreie Wanderer* können auf einem gut angelegten Pfad zum letzten und höchsten Gipfel namens Monteaya (836 m) weiterwandern.

Unsere Wanderung endet jedoch auf dem Txurrumurru, von dem Sie auf demselben Weg wieder zur Straße zurückkehren (**1Std45Min**).

Wer mit dem Taxi gekommen ist, möchte vielleicht die 8 km zum Bahnhof von Irún zu Fuß hinabgehen. Dieser leichte Weg beginnt bei dem Strommast auf der Straßenseite gegenüber dem Parkplatz. Der schwarze, leicht befestigte Weg führt zwischen Anpflanzungen hindurch. Nach 45 Minuten (**2Std30Min**) kommt ein Tor (bitte wieder schließen). Gehen Sie zu einem Bauernhof weiter, durch den Hof hindurch und am Haus vorbei.

Der Weg fällt nun steil ab und überquert eine neue Betonbrücke über zwei grünen Rohren. Nach der Brücke verläuft der Weg parallel zu den rechts verlaufenden Rohren; die Beschaffenheit des Belags wechselt. Sie kommen an verschiedenen Häusern und Seitenwegen vorbei, bis Sie schließlich auf die Straße von Irún stoßen (**3Std**). Folgen Sie ihr nach links und wandern Sie zum »Matadero«-Gebäude zurück. Hier gelangen Sie wieder auf die N1; nach links geht es direkt zum 1,5 km entfernten Bahnhof zurück (**4Std**).

Andererseits könnten Sie jedoch über die Brücke, die Irún und Hendaye verbindet, nach Frankreich hinüberwechseln und vom Bahnhof in Hendaye die Heimfahrt antreten.

Die Peñas de Haya

Ortsregister

Dieses Verzeichnis enthält nur geographische Namen. Hinsichtlich weiterer Eintragungen siehe das Inhaltsverzeichnis auf Seite 3. *Kursiv* gedruckte Seitenzahlen weisen auf Karten hin; **fettgedruckte** Seitenzahlen geben an, wo Sie Abbildungen finden können. Aus Platzgründen sind Berge, Bergpässe, Höhlen, Täler und Schluchten getrennt unter diesen Oberbegriffen ausgewiesen.

Agos Vidalos 31, 32
Aigües Tortes, Parc Nacional d' 10, **11**, 27, *88*, 89
Aïnhoa 40, 41
Ainsa **33**, 34
Albères-Pyrénées 14-16, 53
Alt Empordà 14
Amélie-les-Bains 17, 18
Ancien Redoute de la Bayonnette *127*, **131**
Andorra la Vella **19**, 21, *80-1*
Ansó 36
Arette-la-Pierre-St-Martin 36, 37, 38
Argelès-sur-Mer 10, 14, 16
Argelès-Gazost 31, 32
Ariège-Pyrénées 25, 86
Arles-sur-Tech 18
Arreau 10, 29, **30**
Arties 27
Ascain 41
Aspin-Aure 30
Aulus-les-Bains 10, 25
Axiat 22
Ax-les-Thermes 82, 86

Bagnères-de-Bigorre 29, 30, 31
Bagnères-de-Luchon *see* Luchon
Banyoles 10, 17
Banyuls-sur-Mer 10, 14, **15**, 57, *58-9*, 60
Baqueira-Beret 27
Barèges 31
Baronnies, Fôret des **28**, 29, **90**, *91*
Baskenland 40-1, 122, 129
Beaucens 31, 32
  Donjon des Aigles 32
Bellver de Cerdanya 19, 20
Berga 20
Berge
  Anie' 115, *116-7*
  Astobizkar 118, *119*, 120, *121*
  Canigou **18, 69, 70,** *70*
  Choldokogagna *126-7*, 129
  Iparla **9, 122-3**, *124*
  Midi de Bigorre 31
  Mondarruego **11**
  Monestero *88*, **89**
  Orgues de Camplong *116-7*, **117**
  Pedraforca 20, 757, *78-9*
  Peguera *88*, 89
  Peñas de Haya (auch »es Trois Couronnes« genannt) 41, *126-7*, **131, 132-3**
  Perdido **2**, 106, *108*
  Pibeste 32
  la Rhune 40, 41, *126-7*, **130**
  Santa Margarida **61**, *62-3*, 64
  Taillon *96-7*
  Vignemale 98
Bergpässe
  Arnostéguy 118, *119*
  Aspin 10, 29, 30
  Belagua 36, 37
  Boucharo *siehe* Gavarnie, Port de
  Bouezou 37
  Burdincurutcheta 36
  la Core 26
  Coupe 29
  la Gargante 10, 23, *86*
  Ibañeta 11, 38, **39, 118**, *121*
  Ibardin *126-7*, 129, 131
  Ispéguy 40
  Josa 21
  Lers 25
  Marmare 22
  Orgambidesca 38
  l'Ours 10, 22, 23, *86*
  Peyresourde 29, 30
  Poiriers *126-7*, **128**, 131
  Port 26
  Port de Gavarnie *96-7*, 100, 101
  Tourmalet 31
  la Trappe 26
  Venasque *94*
Besalú **16**, 17
Bidarray **9**, 40, **41**, 122, *124*
Bielsa 33, 34
Biriatou 41, 125, *126-7*, **128**, 129
le Boulou 14, 16, 17, 18
Bourg-Madame 19
Broto 33, 34
Bujaruelo 33
Bunague, Fôret de la 22, 23
Burguete 38, 39, 120

Cadaqués 15, 54, *55*
Cadí, Serra del 19,-20, **77**, 78-9
Caldes de Boí 27, 28
Campan 30, 31
Camprodon 17, 18
Candanchú 36, 37
Canfranc 37
Castellfollit de la Roca 17, 65
Castillón-en-Couserans 26

Cauterets 31, 32, 102, 105
Cerbère 10, 14, 15
Céret 17, 18
Chèze 32
Colera 15
Collioure **10**, 14, 16, 57, *58-9*,
Comus 10, 22, 23, *86-7*
Cornellana 21
Corsavy 18
Costa Brava 14, 17
Côte Radieuse 17
Côte Vermeille 14, 17

Dancharia 11, 41
Dolmen de la Creu d'En Cobertella 54, *55-6*, **56**

Elizondo 40
Entremesaigües *80-1*
Escaladieu, Abbaye d' 28, 37
les Escaldes *80-1*
Escalona 33, 34
Escaroz 39
Esparros 29, 90, *91*
Espelette 41
l'Espine 22, 24
Espolla 14
Espot 10, 27
l'Estela, Serra de 50, *52-3*
Esterri d'Aneu 27
Eus **12-3**
Eyharce 40

Fageda d'en Jordà 61, *62-3*
Fanlo 33, 34
Flüße, Täler, Schluchten
  Añisclo 33, 34, 109, **110**, *111*
  Arazas 11, **35**, *112-3*
  Aso 34, *111*
  Aspe 36, 37
  Bethmale 24, 25
  Bidasoa (Bidassoa) *126-7*
  Carança 71, *72*, **73**
  Castelbó 27
  Cinca 106, *108*
  Desfiladero de Vellos 33, 34
  la Fou 18
  la Frau 24, *86-7*, **87**
  Freser *74-5*
  Gresolet 10, *78-9*
  Kakouéta 38
  Madriu **19**, *80-1*
  Marcadau 102, **103**, *104-5*
  Monestero *88*, **89**
  Mourgouillou *82-3*, **Umschlag**
  Núria *74-5*
  Ossoue *98*, **99**
  Pineta 33, 34, **106-7**, *108*
  Tech 18
  Ustou 26
  Yaga 34
Foix 22, 24
Fórnols 21

Garin 30
Garriguella 14
La Garrotxa 17, 61-4
Gavarnie 11, 32, 95, *96-7*, 100
  Brèche de Roland 32, 40, 41, *96-7*, **100-1**
  Cirque 31, 32, **95**, *96-7*, 101
Gèdre 31
Gerona 17
Gerri de la Sal 27
Goizueta 40
Gósol 19, 20, 77, *78-9*
Guardiola 19, 20
Guzet-Neige 26

Hecho 36
Hendaye 125, 133
Hernani 40
Höhlen
  Bédeilhac 25, 26
  Gargas 29
  Holzarte 38
  Médous 30, 31
  Niaux **25**
  Pierre-St-Martin 37, 39
  Russells Caves *98*, 99
Hospice de France **93**, *94*
Hospital de Tella 33, 34
l'Hospitalet-près-l'Andorre *82-3*, 85

Irún *126-7*, 132, 133
Isaba 38, 39
Itxassou 41

Jaca 36, 37
La Jonquera 14
Josa del Cadí **21**

Laroque des Albères 16
Larrau 38
Lées-Athas 37
Lescun 36, **37**, 115, *116-7*
Llançà 10, 14, 50, *52-3*
Llavorsi 27
Llívia 19, 20
Logibar 38
Lourdes 31, 32
Luchon (Bagnères de) 29, 30
Luz-St-Sauveur 31, 32

Maçaners 20
Massat 25, 26
Mauvezin, Château de 29
Mérens-les-Vals 22, *82-3*
la Mongie 31
Montaillou 22, 23
Montesquieu 16
Montferrier 24
Montségur 22, 24

Nerin 33, 34
Niaux 25
Núria *74-5*

Ochagavia 38, 39
Olot 17, 61, 64
Ordesa, Parque Nacional de Ordesa y Monte Perdido **11**, 33, **35**, *112-3,* 114
Oza, Selva de 11, 36
Pamplona 38, 39
Perelada 14
Pierrefitte-Nestalas 32
La Pobla de Segur 27
La Pobleta de Bellvei 27
El Pont de Suert 27, 28
Portbou 10, 14, 15
Port de la Bonaigua 27
Port de Llançà *52-3*
Port-Vendres 10, 14, 16, *58-9*
Prades (Ariège) 23
Prades (Pyr-Or) 18
Prats de Molló 17, 18
Puente de la Reina de Jaca 36
Puigcerda 19, 20
Pyrénées, Parc National des 33, 47, 96, *96-7*
Queralbs *74-5,* **76**
Revilla 33, 34
Ribes de Freser 18, 20, 74
Ripoll 17, 18,
Roncesvalles 38, 39, 118, 119, 120, *121*
Roncevaux *siehe* Roncesvalles
Roquefixade 22, 24
Roses 54, *55-6*
Sa Cot 42, *62-3*
Sadernes 65
St-Aventin 30
St-Bertrand-Comminges **28**, 29
St-Etienne-de-Baïgorry 40
St-Girons 25, 26
St-Jacques, Chemin de 39, 118, 120
St-Jean-de-Luz 40, **41**
St-Jean-le-Vieux 38
St-Jean-Pied-de-Port 38, 39, 118, 120
St Joan de les Abadesses 17, 18
St-Lizier 25, 26
St-Llorenç de Morunys 20
St-Martin-du-Canigou **70**
St Pere de Rodes 50, **51**, *52-3*
Ste-Engrâce 38
Ste-Marie-de-Campan 30, 31
Salardú 27
Saldes 10, 19, 20, 77, *78-9*
San Sebastián 40
Santa Pau 17, 61, *62-3,* 64
Santesteban 40
Sare 41
Sarvisé 33, 34
Sault, Plateau de **22-3**, 24
Seix 25, 26
Senterada 27, 28
La Seu d'Urgell 19, 20, **21**
Siresa 36
Soulom 32
Talaixa 65, *67*
Tarascon-sur-Ariège 22, 24, 25, 26
Tella 33, 34
Thuès-entre-Valls 71, *72*
Torla **11**, 33, 34
Tredos 27
Tuixén 19, 21
Urdós 37
Uztarroz 39
Valcabrère 30
Valcarlos 39
Vallfogona 18
Valmanya 18
Vicdessos 25
Viella 27, 28
Vilajuïga 14, 50, *52-3*
Zuriza 36

LETZTE MELDUNGEN (Januar 1999)

Autotour 3: Der Fahrweg hinter Gósol (136 km) ist jetzt steinig und tief zerfurcht. (Zuschrift, 8/98)

Wanderung 9: Der rechte Weg (**30Min**), der zum Coll de Font Terrers führt, kommt *mehr als 300 m hinter der Brücke* (und ist deutlich beschildert). (Zuschrift, 8/98)

Wanderung 21: Da die Straße im Desfiladerode Vellos jetzt als Einbahnstraße von Osten nach Westen verläuft, ist es sinnvoller, zu dieser Wanderung über die Hauptstraße anzufahren (Escalona). Nachdem man die Wanderung gemacht hat, nimmt man die Straße nach Fanloand Servisa. Der Straßenbelag ist größtenteils in schlechtem Zustand. (Zuschrift, 9/98)

Wanderung 22: Im Juli, August und September darf man jetzt nicht mehr mit dem eigenen Fahrzeug zum Nationalpark Ordesa anfahren. Man muß das Auto vielmehr in Torla stehenlassen (geringe Parkgebühr) und vom Parkplatz mit dem Bus zum Canyon hinauffahren. Es gibt zwei frühe Busse; danach fahren sie ab etwa 8 Uhr alle 15 Minuten. Fahrscheine sind am Schalter auf dem Parkplatz in Torla erhältlich. Der letzte Bus fährt ungefähr um 22 Uhr zurück. (Zuschrift, 9/98, 10/98)

Wanderung 26, WICHTIG: Der Pfad durch das Urrizatetal ist jetzt mit hohem Farn stark überwuchert und unwegsam, möglicherweise sogar gefährlich. Wenn man hier einen Unfall hat, wartet man vergeblich auf Hilfe, da die Einheimischer den Pfad nicht mehr benutzen. Man sollte die Kurzwanderung oder die Variante unternehmen und *dann auf demselben Weg nach Bidarray zurückkehren.* (Zuschrift, 10/98)